JN214036

アルス双書

観客が生み出す
アートマーケティング

芸術祭と地域をコミュニケーションでつなぐ

佐野直哉 著

水曜社

はじめに

　2000年以降日本で開催される文化芸術フェスティバルの中でも、現代アートを媒介に、その土地固有の課題など複数の領域にまたがってテーマを持つ地域型芸術祭が盛んである。その代表的な存在として2000年に始まった「大地の芸術祭　越後妻有トリエンナーレ」および2010年に始まった「瀬戸内国際芸術祭」が挙げられる。これら芸術祭に共通しているのは、大都市ではない地方・過疎地とされる場所で開催される大規模な芸術祭であること、そして地方や過疎地に共通する課題である地域活性化というテーマを掲げて開催されることである。数か年おきに開催され、現代美術、特にアートプロジェクトを主な様式としている点も挙げることができる。しかし地域型芸術祭のほとんどは中小規模の芸術祭である。そうした中小規模の地域型芸術祭は、経済効果や集客数の点では三大都市圏で開催されるような都市型の芸術祭や、先に例として挙げた大規模地域型芸術祭と比較にならない。一方で地域活性化というテーマを掲げて、その土地の特性を生かした作品づくりが芸術祭の中心となる限り、土地との密接な関わりが必要不可欠であり、協働のお願いや助成金を申請する際に、地域の人びとや自治体から経済効果や集客数などの指標や期待が課されることが散見される。

　吉田隆之は「過疎地・地方型芸術祭では、地域活性化・地域再生を目的として開催していることが明確であり、(中略)『地域活性化』という言葉がバブル経済下での経済的な活況を指す意味合いを引きずり、芸術祭の経済的効果が注目されている点が気になるところだ」(吉田 2019：294)と地域型芸術祭が経済的効果[1]で測られがちな現状を指摘している。平成29年度文化庁委託事業「我が国で開催される文化芸術のフェスティバルの実態等に係る調査報告書」によると、調査した文化芸術フェスティバル[2]の69%は来場者数3,000人未満、84.6%が事業費1,000万円未満で運営している。こうした中小規模の地域型芸術祭においては経済効果

などの指標はほとんど意味をなさないばかりか、芸術祭自体の存在価値を誤解されかねない。マーケティングも「地域活性化」「地域再生」の言葉の意味を十分に理解と検証した上での戦略と施策であるべきであるが、現状は集客のためのツールとして活用されているのにとどまる。例えばソーシャルメディア（以後SNSと記す）はフォロワーを増やし、投稿が「バズる」こと、そして「インスタ映え」投稿の拡散によって、集客や購買につながる、という一般的な企業や製品のマーケティングの発想を無自覚になぞらえる「コミュニケーションの思想なき」マーケティングが散見される。

　本書の目的はコミュニケーション・デザインの視点から「観客が生み出すアートマーケティング」を描いていくことである。4つの地域型芸術祭を事例として取り上げ、それぞれの芸術祭でのコミュニケーション戦略と実践の分析を通して、コミュニケーション・デザイン戦略のモデル化構築を試みる。特に事例研究では地域型芸術祭の中でも比較的大規模で、マーケティング・コミュニケーション専任担当者が実際に関わったコミュニケーション戦略、施策と視点をひもとき、定量・定性的な分析手法を使いながら、「観客が生み出すアートマーケティング」のコミュニケーション・デザインのキーとなる要素の抽出を試みる。ただこのコミュニケーション・デザイン戦略モデルを実際に運用するとなると、特に中小規模の地域型芸術祭やアートプロジェクトでは専任担当者を置く余裕がないのは明らかである。第3章で詳しく論じるが、主催者は実は無自覚ながらも、「観客が生み出すアートマーケティング」のためのコミュニケーション・デザインをすべてではないが実行している場合もある。したがって本書が示すコミュニケーション・デザイン戦略モデルは、専任者がいない場合でもマーケティング戦略を立案する際のチェックリストやガイドとしての使用を念頭においている。

　またアートに限らず、今やすべてのマーケティングにおいて欠かせない存在であるSNSは、一般的なマーケティングでは「いいね！の数」「フォロワー数」「エンゲージメント率」などの定量的指標が注目されがちである。本書ではそうした定量面に加えてSNSの「観客が生み出す」ことへの活用を、質的な価値に着目して考察する。つまりSNSの価値の捉え直しで

ある。その目的は「観客が生み出す」視点から、経済的効果では示しづらい中小規模の地域型芸術祭やアートプロジェクト等の価値に光を当てていくことにある。

　本書では用語としてアートプロジェクトと地域型芸術祭を並行して使用しているが、近年、アートプロジェクトと芸術祭の定義・概念に混乱がみられる（吉田 2019：16）ことから、以下の吉田の提唱するアートプロジェクトの定義を満たす地域型芸術祭を本書は主に対象としている。

①サイトスペシフィック型の作品や参加・協働型の作品などを展開する現代アートを中心とした芸術活動で、

②美術館や劇場のような専用施設以外を主に会場とする。

③人々の自発性にコミットしたり、場所の特性を生かしたり、地域・社会課題解決につなげることを目的として行われることが多いが、芸術文化の創造自体を目的として行われることもある。

　なお、本書は筆者が2021年3月に東京藝術大学大学院音楽研究科に提出した博士論文「地域型芸術祭のマーケティング－ソーシャルメディアを中心としたコミュニケーション・デザインに着目して－」をもとに加筆修正したものであるが、紙幅の関係で大幅にカットし、調査の分析ポイントや結果のみにとどめた箇所も多数ある。分析プロセスや詳細に関心のある読者は、本書では該当部分をほとんど割愛したので、博士論文等を参照されたい。アートマーケティングにおけるSNSを通した観客の変容と表現意識に焦点を当てた研究は、まだ端緒についたばかりである。よって本書への大方のご指摘、ご叱正をいただければ幸いである。

註：

1) 枝川明敬（2008）は、文化活動の経済的な側面からの研究は、その活動内容に把握が困難なためあまり行われず、一過性のイベントが観光産業の観点から効果測定が行われてきた、として地域文化の経済的な波及効果の算定を試みている。

2) 調査対象は自治体（47都道府県および1,741市区町村）および文化芸術分野の活動を行う公益法人1,601件、文化芸術分野の活動を行う特定非営利活動法人5,299件、その他法人等49件であった。配布数8,737件、有効回答数1,715件で、有効回答率は19.6％（平成29年度文化庁委託事業「我が国で開催される文化芸術のフェスティバルの実態等に係る調査報告書」p.7）。

目次

第4章　投稿発生率にみる観客の表現意識 ……… 111

第 5 章 コミュニケーション・デザイン戦略の
活用と指標化 ……………………………………… 142

観客が生み出すアートマーケティング

1. 観客の主体性を誘うマーケティング

　近年、芸術祭のみならず美術館での展覧会などに「インスタ映え」な写真の撮影素材を求めて観客が訪れる傾向が顕著に見られる。今や一般的なマーケティングにおいてSNSは欠かせない存在であることは論をまたない。「インスタ映え」についてはデジタルマーケティングでは、投稿の目的や動機、指標などすでに多くの知見や研究が蓄積されており、その多くはアートマーケティングにおいても適用可能である。例えば森美術館のSNSマーケティング戦略の実践者である洞田貫晋一朗は、指標の1つとして「エンゲージメント率」（全体の閲覧された数の中から、どれほどその投稿に興味を持ってもらえたかを示す数字）を挙げている。主催者（森美術館のSNSアカウント）の投稿に、観客がより強い関心を持った、拡散した、という観客の意思や行動をこの量的指標から捉えることは確かに可能である。だからこそエンゲージメント率が1つの有力な評価指標であることはデジタルマーケティングにおいては常識とされている。しかし観客が関心を持って投稿を見た「先」の言及はなく、観客と美術館の間の双方向の「コミュニケーション」プロセスの中にエンゲージメント率をどのように位置づけるかは明確でない。すなわちこれまで「点」で捉えている指標を、作品に限定されない広範囲の「アート」との関わりという「面」で捉えて定義することも重要である。

観客（一般的なマーケティングでいうところの「消費者」）が作品（「製品」）と出会い、鑑賞体験を経て受容し、さらに投稿（「行動」）に至るプロセス（マーケティング用語としての「消費行動」）の視点で、主催者と観客間で交わされる「価値」の交換[1]と表現のコミュニケーションツールとしてSNSを捉える研究は極めて少ない。したがって美術館や芸術祭と「インスタ映え」を、アートマーケティングの視座から研究として言語化したものは現状ほとんど見出せない。

　先に述べたアートプロジェクトの定義を満たす地域型芸術祭では、作品が展示される土地という「場」の持つ意味や環境、地域の人びととの関わりは、作品の一部を担う極めて重要な要素である。これまで地域型芸術祭と比較的密な関わりを持つ地域の人びととの関係はソーシャルキャピタル醸成の点からの研究[2]、ボランティア・サポーターの主体性などの研究[3]などの蓄積があるのに対して、短期的で浅い関わりとなる観客に関心を向けた、アートプロジェクトにおけるマーケティングの役割は、主催者によって直感的に捉えて実践はされてきたものの、ほとんど言語化されていないのが現状である。

　芸術祭の成果として佐藤李青は、1.市民参加のプラットフォーム　2.共に創造する場　3.「飛び火」効果を挙げ、市民が「鑑賞」「消費」のみならず担い手として「参加」すること、さらにそこに必要な「双方向」「フラット」な関係性と、芸術祭の経験から発現する「主体性」を挙げている（佐藤 2018：61-65）が、そもそも短期的で浅い関わりとなる「観客」の主体性は果たして存在し、発現するのだろうか。もし発現するならば、アートマーケティングとして言語化できないだろうか。

　マーケティングは「観客」の最も近くに存在し彼らに話しかけ、さまざまな情報を提供、イメージを形成・伝達し、観客の関心を喚起させ、参加行動に至るまで寄り添うツールであり、技術である。本書ではこれまで「点」で捉えていたさまざまなデータと指標を、アートと出会い、関係を構築する、という「面」で捉え直し、再編集することで、芸術祭の成果や価値として表現することに取り組む。つまり観客が作品と出会い、鑑賞体験を経て受容し、投稿に至るまでのアートマーケティングのプロセスを改めて「観

客の主体性の発現」という視点から「観客が生み出すアートマーケティング」として提案するものである。

マーケティングという言葉の示す範囲は幅広いが、本書ではコミュニケーション・デザインの観点に絞り、第2章以降、主に3つの考察群で構成している。まず地域型芸術祭のコミュニケーションでは何をどのようにデザインして観客に伝えているのか、コミュニケーション戦略と観客のSNS上での受容の様相、そして鑑賞の場のデザインを3つの事例を通して分析し、コミュニケーション戦略モデル化を目指す考察である。続いての考察は、その導き出したコミュニケーション・デザイン戦略の枠組みを使って、実際の中小規模の地域型芸術祭のマーケティング戦略を検証する。最後に、観客のSNS投稿を観客の創発性や主体性の発現として捉えることができるのか、実際の観客のインスタグラム投稿記事の分析とアンケート調査を通して表現意識の様相を検討する。最終章としてこれらの結果を整理し、「観客が生み出すアートマーケティング」として提示する。

2.地域型芸術祭の課題

星野太は「日本の芸術祭の多くは、作家たちの内発的な動機から生まれてきたというよりも、むしろ政策レベル、経済レベルでの社会変動から生じてきたと考えられる」(星野2017：74)と述べている。また「バブルが崩壊した後の90年代から2000年代にかけて、アート側の経済が行き詰まり、また地域振興・地方創生に多くの国家予算が振り分けられるようになったことで、地域振興をしたい自治体との思惑が一致し、現在のアートと地域社会が交わる芸術祭という形が生まれているが、自治体が芸術祭に求めるところはおおむね経済効果である」と指摘している。

全国各地で開催される芸術祭の数は年々増加し、その功罪や課題が浮き彫りになりつつ(美術手帖2017：74)も、これから淘汰されていく時代に入る[4]と言われている。瀬戸内国際芸術祭や大地の芸術祭など大きな成功を収めている大型の地域型芸術祭以外の、地方自治体からの出資や主催者の予算が1,000万円以下の数多くの中小規模の地域型芸術祭

が生き残ろうとしても、都市型芸術祭と比べて規模の経済性[5]では叶わず、その開催意義を経済効果などに求めてもやがて終焉を迎えるであろうことは明らかである。

では開催意義をどこに求めればよいのだろうか？　大規模、中小規模に関わらず、地域型芸術祭では、主催者のみならず、行政、アート関係者、観客、そして観客を受け入れる地元住民など、文脈の違うステークホルダーの多様な思惑、多角的な視点が強く存在する。経済効果ではなく、むしろステークホルダーの多角的な視点を束ねる芸術祭の固有性にもとづく「開催意義の浸透」を問うべきではないだろうか。

BEPPU PROJECTファウンダーでYamaide Art Office株式会社代表取締役の山出淳也は、その芸術祭の開催意義を「ビジョン」と表している。「従来は（芸術祭は）観客動員数で評価されることが多かったのですが、そのやり方ではビジョンが欠落しています」と語り「芸術祭という枠組みではなくて、やや大げさに言えば新しい社会のあり方を考えていて、芸術祭はそのための具体的なアクションなんです。今までなかった視点や価値観、共存していくというビジョンなどを、芸術祭の中で体感してほしい」（美術手帖 2017：81）と述べている。

つまり芸術祭の成功とは、まさに山出のいう「ビジョン」を、観客含む各ステークホルダーが体感し共有する、つまり「ビジョンの価値共有」という点を成功の基準の1つとすることで、中小規模の地域型芸術祭の有用性を示すことができるのではないだろうか。それは先の佐藤が指摘した芸術祭の成果である「芸術祭の経験から発現する『主体性』」も同様である。なぜなら、そこでは規模の大きさはモノサシとはならないからである。もっともそれは大規模の地域型芸術祭においても同様に必要な基準であるともいえる。

地域型芸術祭で多く見られる、開催場所の土地の歴史や社会の文脈を読み解く、地元住民と協働する、コミュニティ醸成を目的とするようなアートプロジェクトのアプローチは、必ずしも地域の「ため」にやっている、あるいは明確な社会的目的を持って活動しているとは限らない（熊倉 2015：8）場合もある。明確な社会的目的が掲げられている地域型芸術祭

の一環として制作される場合でも、すべての作品やプロジェクトがその目的のための表現と限らないこともここで指摘しておく。

3.「脱・マスマーケティング」「脱・拡散マーケティング」

アートマーケティングは従来、「芸術組織におけるマーケティング手法の適用」と捉えられ、芸術の「消費」段階において「誰に」何を「販売」するかを規定することに費やされてきた（志村 2017：16）。しかしドラッカーが、究極のマーケティングとは、モノやサービスを売る努力をすることではなく、自分たちの提供プロダクトを理解してくれる顧客を作ることだ（Drucker 1974：64-65）、と主張しているように、本来は顧客との関係を新しく生み出し、構築し、「理解」してもらうためのプロセスを創り、関係を維持していくことである。その点をふまえると、エンタテインメントやマス向け、拡大を目指すマーケティングとの間で混同し、誤解されがちだが、利潤の最大化、集客の最大化のための手法を展開するだけがアートマーケティングではない。「量」だけではない、「質」を問う「脱・マスマーケティング」「脱・拡散マーケティング」の発想で、観客の「来場者数」「満足度」「再訪意図」だけにとどまらない、「ビジョン」の観客への「浸透」や、芸術祭の経験から発現する「主体性」を促すマーケティング手法と指標の開発が必要となる。

地域型芸術祭には美術館と違って、これまでアートにほとんど縁がなかった地域住民や、アート以外の興味から訪れる、アートに馴染みがない、いわゆるアート初心者[6]も多く来場する。こうしたさまざまな「文脈」[7]の観客が発信するSNSの投稿は、これまで「フォロワー」「いいね!」などの数や「エンゲージメント率[8]」などがデジタルマーケティング上の評価の対象であった。しかし双方向性が特徴であるSNSでは、利用者が自由に発信できるからこそ、「彼らが芸術祭の作品を通して何に興味を持ち、どう理解・受容したか」の情報が豊富に存在するはずである。このような観客の反応の「質」は、営利のマーケティングでは投稿記事テキストのポジティブ・ネガティブ判断や、商品が撮影されているかなどを把握するさまざ

なアプローチが試みられ、認知率、ブランド想起率、ブランド信頼度、購入意向、他者への推薦意向などが判断のデータとして活用されている。アートマーケティングにおいても観客の反応の「質」つまり「作品をどう捉えたか」を、観客が自由に発信するSNSを通して丁寧に読み取ることができないだろうか。

4. 地域型芸術祭マーケティングのジレンマ

[1] アートマーケティングの目的

　「脱・マスマーケティング」「脱・拡散マーケティング」を考えるにあたって、まずマーケティングそのものの定義を確認しておきたい。アメリカ・マーケティング協会 (American Marketing Association) の定義では、「マーケティングとは、顧客、クライアント、パートナー、そして社会全般にとって価値のある提供物を創造し、伝達し、届け、交換するための活動であり、一連の制度であり、プロセスである」(2013年7月承認) としている [9]。そして「マーケティングの最大の関心事は、目標とした市場がその価値を認めたというアウトカム (成果) を生み出すこと」(コトラー 2007：27) である。しかしながらアートマーケティングは、マーケティング自体の基本概念や手法は同じであるが、目標とした市場における価値の定義が営利組織と異なることに留意しなければならない。

　山田真一は「アートマーケティングは一般のマーケティングとは事業の目的が異なり、提供するプロダクトの情報だけでなく、事業者そのものがなぜ芸術事業を行なっているのか、なぜ芸術事業を行う必要があるのかの説明を社会に対して行なっていくことである」と指摘する。これはいわゆる芸術事業のミッションをマーケティングすることであり、ここを出発点としたアートマーケティング [10] によって芸術文化活動への賛同者を増やすことにつながる。さらに理解してもらう対象、いわゆるターゲットを誰にするかプライオリティを決め、より理解してくれる人びと、理解すべき人びと [11] を見つけてアプローチする。そして芸術が素晴らしいと思い、それらを鑑賞したいと思う人びとの側にある芸術のニーズを掘り起こし、対応する芸

術プロダクトの提供が、芸術事業のミッションを社会に浸透させることになり、結果的により多くの人に芸術を理解してもらうことになる（山田 2008）としている。いわゆる「芸術鑑賞者を創造する（Drucker 1974：64-5）」ことであると指摘した。

この指摘は極めて重要であり、本書の「観客が生み出すアートマーケティング」が踏襲する概念である。その根底にある考えとは、やみくもに人数を増やすことではない。素晴らしい芸術体験を積み重ねることで、ミッションを「より理解してくれる人びと、理解すべき（したい）人びと」として「芸術鑑賞者」が創造される。そして彼らが行動を起こすことでさらに需要が広がり、ミッションの達成に近づくための環境整備が目的となるのである。

志村聖子は、マーケティングは制作者側と聴衆を結ぶための伝達・供給活動の一環である（志村 2017：16）と述べている。70年代のアートマーケティングは聴衆を受動的役割（単なる買い手）に置いており、芸術はそれ自体完結した現象であって「芸術」と「生活」が明確に切り離されている、いわゆる「自律的芸術概念」に基づいていた。しかし現代では、聴衆は従来の受動的立場を超えて、作品の芸術的価値を承認し、自ら「意味を与える」一種のコミュニケーションの成立によって作品が完成する、すなわち「共同創造者」と捉えられる（志村 2017：25）と論じている。つまり「制作によって提供される芸術作品は、従来の高い文化資本を持ち、美的コミュニケーションができるとは必ずしもいえない一般的な観客が、コミュニケーションと体験を通して、自ら固有の価値と意味を見出すことで初めて作品が成立する」としている。

衛紀生は、芸術ビジネスにおけるマーケティングは「共感」と「共創」という交流によって生じる「経験価値[12]」を提供して顧客維持を企図し、顧客ロイヤルティを高度化し、不断のコミュニケーションによって顧客進化を実現するのが主要な使命である[13]、と定義している。衛は舞台芸術産業の中核商品（コア・プロダクト）は、音楽であり演劇でありダンスであるが、マネジメントとマーケティングの中核をなすのは顧客の受け取るあらゆる価値を演出・提供するカスタマーバリュー・デリバリー・システム（顧客価

値提供システム）である[14]と主張する。「顧客価値」は中核商品の受け手である顧客の内側で起こる「出来事」、つまり形のない、捉えようのない、提供する側が完全にコントロールできないものであるが、顧客価値提供システムによって、こころ豊かな「生き方」を提案し、顧客のライフスタイルの「変化」に関わるのである、と述べている。

辛美沙は「アートのマーケティングとは、商業ベースの興行や企業のそれがどれだけ利益に反映されたかという結果に集約されることに対し、どれだけ芸術的なゴールが達成できたかということになる」として、「アートの世界ではマーケティングは商業主義的だと非難されがちですが、到達目標へ最短距離で導くことに異論はないはずです」（辛 2008：261）と述べている。そしてニューヨーク在住の中国人アーティストである蔡國強の「いつもスポンサーの身になって考えること、アーティストは彼らをクリエイティブなプロセスそのものに参加させること、そしてその経験を共に楽しんでもらい、全面的にかかわってもらうようにすべきである」という言葉を引用しながら、「マーケティングとは、顧客の心の琴線に触れる活動です。常に顧客のことを考え、彼らが何をしたいのか、そのためには何が必要かという発想で、サービスやモノを開発し、新しい価値観を加え、提供するのです」（辛 2008：250）と主張している。

これらの研究の定義するアートマーケティングの価値の捉え方、カバーする範囲・領域はさまざまであり、アメリカ・マーケティング協会のような統一した定義はない。ただおおよそ価値承認に関わる体験であることは共有されるだろう。アートマーケティングによって観客[15]が作品に対して何らかの理解や反応が促される、そして芸術的価値を承認、共感し、意味を与えるきっかけとなるのである。要するにアートマーケティングとは、作品と出会い、その経験の価値化を促す活動であるといえる。そのコミュニケーションにおいて「なぜこの事業を行うのか」という説明や、経験価値の拡張のための施策があり、さらにそうした価値化によって、社会的なさまざまな文脈との相互関係から新たな知覚が生まれる可能性をもたらすのだ。

ここまで論じたアートマーケティングの目的を整理すると以下となる。

1. 作品に出会うためのコミュニケーション
2. 観客が作品の意味を自ら構築し認知をするためのコミュニケーション
3. 観客が経験した価値そのものを認識・理解するコミュニケーション

これらの結果、価値の認知によって観客固有の自律的な変化が起こり、その先の行動変容の蓄積によって事業のミッションや芸術的なゴールが果たされるのである。

[2] ソーシャルマーケティングの目的

アートマーケティングの目的として「作品に出会うため」「出会った経験の意味を認知し、固有の意味を構築するため」という点は比較的理解しやすいのだが、では果たして「自律的変化」を実現することは可能なのだろうか。

そもそもの目的が文化芸術振興であれば、「芸術的なゴール達成に向けた観客の変化」へと事業を重ねながら追求すればよい。だが文化芸術振興以外の公益的（本書では「ソーシャル」と表現する[16]）な目的を併せ持つ地域型芸術祭の場合、事業目的と「文化芸術」とのつながりを明確に整理する必要がある[17]。またアートマーケティングと、ソーシャルな目的の実現するためのマーケティング「ソーシャルマーケティング」のそれぞれの限界も理解しなければならない。

ソーシャルな目的を実現可能とするマーケティングにはどのような特徴があるのか。ここでは社会課題の解決を目指した「ソーシャルマーケティング」について言及したい。コトラーは「ソーシャル・マーケティングはマーケティングの原理と手法を使って、個人やグループ、社会全体のベネフィットのために、ターゲット・オーディエンスに影響を及ぼして、ある『行動』を自発的に取らせたり、拒否させたり、修正させたり、放棄させることである。その目的は、生活の質を向上させることにある」（コトラー 2007：270）と定義している。また上地広昭・竹中晃二はソーシャルマーケティングに関わる定義のこれまでの研究をレビューした上で、

1. 考え方の変化だけでなく具体的な行動の変容を狙うこと（下線は筆者による）

2. 究極的には社会福祉やソーシャル・グッド[18]の向上を目的に据える
　　こと
3. 商業分野のマーケティングの概念や技法を適用すること
4. 強制ではなく自発的な行動の変容を促すこと（下線は筆者による）

の4つに特徴をまとめた（上地・竹中 2012）。特に1と4からわかる通り、ソーシャルマーケティングでは、ソーシャルな目的に向けて具体的で自発的な行動変容を促すことで「自律的変化」を起こすマーケティングともいえよう。しかしながらその「自律的変化」についてはアートマーケティングとは大きな違いがある。

　例えば国連の食糧支援機関の国連WFPのマーケティングでは「飢餓ゼロへの挑戦」として、「3,000円の寄付で乳幼児の栄養不足を防ぐ食料を75個届けることができ、10,000円の寄付で1家族を1か月間緊急支援で支えることができます。あなたの寄付で子どもたちの【未来】を守りませんか？」と食糧支援を受けた子どもたちの写真入りSNS広告で訴求している。ソーシャルな目的の場合、関与の意思を持った段階から「寄付」を具体的な「支持」の行動として、金額と共に何に対してどのような支援が受益者に提供できるかが明瞭である。そしてSNS広告をクリックすれば、すぐさま「寄付」の行動へ移れるように丁寧に段階が説明されている。このようにソーシャルマーケティングにおいては「自律的な変化」は交換概念[19]に基づいてプロセスがある程度定型化されている。

［3］マーケティングの目的の違い

　地域型芸術祭において重要となる「ビジョン」すなわち「公益」に関わる社会的価値の理解と自律的変化に向けて、これまでアートマーケティングでは劇場や音楽堂などの定期会員制度、美術館におけるメンバーシップ制度や、近年盛んに実施されているクラウドファンディング[20]といった事例以外には、上記の国連WFPの事例のように広く一般層に対する訴求をしてこなかった。それは裏を返せば、劇場や音楽堂、美術館などの文化施設の運営は、公的助成金や限られた企業からの協賛である程度賄えた、ということでもあり、観客に対してはミッションの理解を求めるこ

とよりも、もっぱらチケットの売り上げ、という形での支援や関わりを重視・強化してきた。例えば2012年に大阪府・市が文楽協会へ改革を迫り、補助金の執行を一時停止した問題[21]でも、観客動員率が低迷し、さらに観客に対して文楽の維持・発展の理解を求める"協会"の機能からほど遠い実態であった、と大阪府・市から見なされたことは、協会が観客に対してのミッションやビジョンの訴求のみならず、マーケティングを「チケットを売る」機能と限定的に捉えていたことを示す象徴的な一例であろう。

しかしながらそれとは別次元で、ソーシャルマーケティングとアートマーケティングではそれぞれが目的とする「自律的変化」の定義が違うのである。アートマーケティングの目的で述べたように、アートマーケティングは観客が作品と出会い、その経験の価値化を促す活動であり、その結果としての観客の自律的変化であることから、その内容が抽象的で特定ができないのに対して、ソーシャルマーケティングは、公益的な目標に対する「具体的かつ自発的な行動の変容」と非常に明確で固定的である。これはマーケティングの対象を、誰もが明確に同じように共感が可能な社会的価値とするか、「自分で考え、解釈する」プロセスが必要で、個人の固有性や多様性によって受容・価値づけが一律でないまま成立する芸術を対象にするかの違いである。そして時間軸にも差があり、ソーシャルマーケティングは行動変容を明確に、かつ課題解決のために比較的短期で求めるのに対し、アートマーケティングでは、事業のミッションや芸術的なゴールに向けた多様で自律的な変化を長期的に何度も積み重ねなければならない。

つまりアートマーケティングにおける自律的な変化や行動変容は、ソーシャルマーケティングほどに単純化ができない、ということである。ところが地域型芸術祭のマーケティングではソーシャルな目的を芸術的なゴールに上乗せすることによって、ソーシャルマーケティングの目指す「自律的な変化」をステークホルダーから期待される。ここに「地域型芸術祭マーケティングのジレンマ」があるのではないだろうか。

この「地域型芸術祭のジレンマ」において、アートマーケティングによってソーシャルな目的に対する「自律的な変化」を明確にデザインするのは

難しいといえよう。例えば地域活性化をソーシャルな目的としている芸術祭として、瀬戸内国際芸術祭における住民への影響について取り上げよう。会場の1つ、香川県男木島には2013年以降に30人以上が移住して小中学校と保育所が再開したほか、小豆島では2013年以降に「I・Jターン者」が年平均で225人にも及び、子育て世代を中心に700人以上が移住、年2%強の人口減少率が1%程度にまで改善され、下げ止まり傾向が見られたように、それぞれの島で移住者が増えることで地域に活気が戻ってきている、という報告がある（亀和田 2018）。これは「移住を促進する」というソーシャルな目的に対応した自律的な変化が行動となって現れた結果ともいえるが、芸術祭によってその地域に住む人たち自身が地域の魅力に気づき、さらに外からの人間が地域に関わることに寛容になる、といった理由も想定されるものの、「移住」の行動決定には、既存の移住促進政策も含めたさまざまな要因や、その人たちのライフプランが複雑に絡みあって初めて結果が生み出される。また移住のみならず、インバウンドの外国人観光客の増加についても、芸術祭がそうした地域に興味を持つきっかけにもなったであろうが、やはり観光政策、観光関連団体がそれぞれの領域で努力・工夫・改善した影響も大いにあるはずだ。また移住ではなく、次回の開催時には芸術祭のサポーターとして関わるなど、その自律的行動の形や度合いは千差万別である。よって地域型芸術祭のマーケティングでは、観客の自律的行動そのものを意図的にデザインするのではなく、むしろ自律的行動への思索と関心の入り口に引き寄せるまでが範疇である、と捉えるべきではないだろうか。

5. コミュニケーションフェーズの設定

　ではソーシャルな目的と文化芸術振興の目的の両方が内在する地域型芸術祭では、具体的にどのようなマーケティングの段階を踏むことが必要となるのだろうか。

　先の上地・竹中はソーシャルマーケティングにおける「行動の変容」について、情報を受けてから行動が生起するまでの間に、「情報を受ける→

理解する→関心を持つ→価値づける→関与の意思を持つ→自分の能力を勘案する→サポートを受ける→行動する」という複数の媒介変数がある（上地・竹中 2012：60-70）と述べている。これらの媒介変数をベースに、コミュニケーションの観点からは主に3つのフェーズに分けることができる。「情報を受ける→理解する→関心を持つ」は作品に出会う前に、まず芸術祭に来てもらうための関心を高めるコミュニケーションであり、いわゆる第1フェーズである。「価値づける→関与の意思を持つ」は芸術祭で作品に出会い、価値化し、関与の意思を醸成するコミュニケーションの第2フェーズである。そして「自分の能力を勘案する→サポートを受ける→行動する」は具体的に自分ができること、その環境の中で行動を起こす第3フェーズである。例えば先の国連WFPのSNS広告例では「寄付」を具体的な「支持」の行動として、寄付額に対して具体的にどのような支援が受益者に届くのか、それに対してどのぐらいの寄付額が自分にとって適正額かを勘案し、広告をクリックするとすぐに寄付額を支払う環境が用意され（サポートを受ける）、実際の寄付行為が誘発される（行動する）、という自律的な変化までが含まれる。これにアートマーケティングのプロセスを重ね合わせると図1にまとめることができる。

　これはマーケティングの基本として使われるAIDMA[22)]フレームワークの3つのプロセス（Attentionの認知段階、Interest /Desire/Memoryの感情段階、Actionの行動段階）におおよそ準拠・対応している[23)]。

　この循環にはマーケティングとしては実は2つの異なるサイクルが存在する。1つは短期的なサイクルであり、いわゆる通常の消費者が物品を購入する際の意思決定と同じ時間軸のサイクルである。例えば、芸術祭の存在を知り、興味を持ち（第1フェーズ）、訪問の価値を判断して（第2フェーズ）、訪問行動に至る（第3フェーズ）までの行動である。もう1つは長期的なサイクルで、芸術祭を訪問（第1フェーズ）、作品の鑑賞体験し、価値づけ（第2フェーズ）の後の行動変化（第3フェーズ）まで含めたサイクルである。この場合、作品との「出会い」は第2フェーズに位置づけられる。

　長期的サイクルの第1フェーズは一般的なマーケティングと考え方は同

じで、いわゆる来場を促す過程であり、どれだけ芸術祭に関心を持ってもらい、来場してもらえるか、来場者数など定量的なマーケティング効果が問われるフェーズである。しかしながら第2フェーズにつなげるには、通常の消費行動での経済的交換概念に加えて、より社会的交換概念に基づくインセンティブ（例えば社会的な価値の支持や認知など）を提供しながら関心を高めるコミュニケーションも必要となる。この点はソーシャルマーケティングと類似している。

　第2フェーズとは体験の価値化である。ここで観客は芸術的な価値を自ら探り、承認し、自ら意味を与え、関与を考える。そこでは多様な視点を持つ観客がそれぞれに感じ取った作品の表現を意味づけする。自分が属する文化的、社会的背景に基づいた相互作用と、芸術祭のソーシャルな目的と作品の関係性などによって観客の固有な価値判断がおこなわれる。

　ここで改めて指摘したいのは、これまでのアートマーケティングは先に述べた大阪の文楽の事例で示したように、第1フェーズの営為である、と捉えられる傾向にあることだ。第2フェーズの価値づけにおいては無意識的（例えば美術館の作品解説のキャプションなどは従来マーケティングと捉えられていない）、あるいは意図的（例えばキュレーション）におこなわれてきたものの、一般的にはアーティストと作品の「意図」を適切に「理解」することが重要と考えられ、観客は作品そのものの存在や背景にある芸術史の文脈を学んだ上での、アーティストの技を評価し、受容してきた。

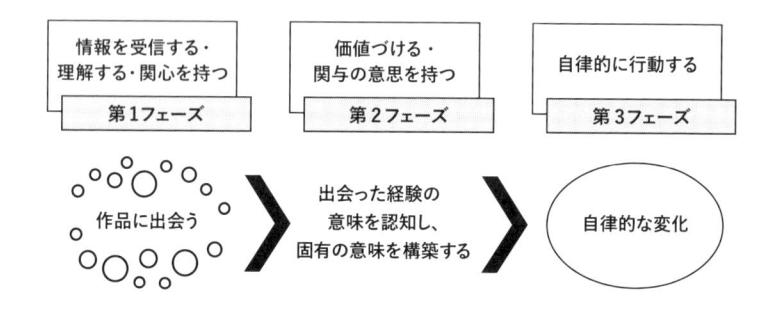

図1　目的達成までの3段階のコミュニケーションフェーズ

だからこそマーケティングとは別に解説や評価としての役割を担う批評の存在が重要であった。よってマーケティングという概念では、これまで観客の価値づけについてはほとんど介入してこなかった、または意識的に手がけることが少なかった、といえよう[24]。しかしアートマーケティングのこれまでの研究で紹介した、芸術プロダクトのよき理解者である「芸術鑑賞者を創造する」（山田）、享受者は作品の芸術的価値を承認し自ら「意味を与える」ことで作品が完成する「共同創造者」（志村）、「顧客価値」は中核商品の受け手である顧客の内側で起こる「出来事」（衛）、顧客の心の琴線に触れる活動（辛）といった、観客の受容に関わる観点は第2フェーズと密接に関係しており、ここがアートマーケティングの1つの柱でなければならないことがわかる。またこれらの研究では、価値づけを必ずしも作者や作品の「意図」を適切に「理解」することに限定していない。

　第3フェーズは「自律的な行動」であるが、前述したように、アートマーマーケティングが、観客の自律的行動そのものを意図的にデザインするのではなく、むしろ自律的行動への思索と関心の入り口に引き寄せるまでが範疇であるならば、複合的な目的を持つ地域型芸術祭のマーケティングでは第2フェーズから第3フェーズに向かうまでのデザインが肝要となる。先の佐藤の言う「芸術祭の経験から発現する『主体性』」をマーケティングとして捉えることができるのはここの部分ではないだろうか。よって本書は主に第2フェーズのマーケティングの在り様を明らかにしていきたい。

6. コミュニケーション・デザインの定義

　本書では第2フェーズの柱としてコミュニケーション・デザインの概念に焦点を当てるが、その定義を明確にするため、文化人類学者の池田光穂の提起する定義（池田 ホームページ, 2016, 2019）とそれに関する議論を参照する。

　池田によると、そもそもコミュニケーションの語源はラテン語のコミュニス（communis）、すなわち共通したもの、あるいは共有物（common, コモ

ン）に由来するとし、「時間的位相における推移のなかで、情報やデータが『共通のものとなる』という現象一般」のことをコミュニケーションと定義している（池田 2019）。言いかえると「コミュニケーションはメッセージの相互のやりとり、ないしはそのようなやりとりの結果〈ある事象が共有されている状態〉になること」としている。その概念をベースに、池田は「コミュニケーション・デザインとは、情報のやり取りや対人コミュニケーションのような情動を含んだ広義の交通と、計画性にもとづく合理的な設計という2つの意味の複合語で、(1) 情報通信の効率性をあげるための設計理念や実践という意味と、(2) 人間のあいだの適切な対人コミュニケーションの具体的な設計および実践などのことを指す」（池田 ホームページ）と指摘している。

さらに池田は「コミュニケーション・デザインという用語と概念は、創発的で結果が予測できないコミュニケーションと、制御可能なデザインという、相異なる2つの現象を明示する用語が同居している」と指摘し「コミュニケーション・デザインとは、〈創発性の管理思想〉である」（池田 2016）と概念化した。

池田のコミュニケーション・デザインの定義を参照すると、コミュニケーション・デザインはマーケティングの下位領域のなかに包摂される。なぜなら情報を効率的・効果的に理解してもらうための実践であり、人間同士のコミュニケーションの設計と実践でもあるから、マーケティング活動のなかでも「伝達」の部分の役割を主に担う、と考えてよい。ただし、コミュニケーションの実践では主催者側にとって社会的・経済的「交換」を念頭に置いたものも当然含むことから、「伝達」のみならず、「交換」することで得られる利益の提示や社会的価値の支持、準拠集団からの社会的是認を獲得することもコミュニケーションの概念として含まれる。これは第1フェーズが利益の提示と交換、第3フェーズが社会的交換行為であることを考えると自然である。

7. 「創発」と「管理」

　前項で池田の「コミュニケーション・デザインとは、〈創発性の管理思想〉である」という言葉を引用したが、第2フェーズの「価値づける、意味を構築する」「関与の意思を持つ」ために何が創発され、何を管理するのかをここでは明確にしたい。

　管理に関しては先の「情報通信の効率性をあげるための設計理念や実践」、つまり情報通信の機能面の管理が考えられる。例えばWebサイトの製作や、知りたい情報が直感的にナビゲーションしやすいデザインを採用する一方で、Webに不慣れな高年齢層ためにローカル紙媒体を選択し、高年齢層向けの情報コンテンツを開発する、など伝達のための機能や効率性にかかる設計と実践が挙げられる。「人間のあいだの適切な対人コミュニケーションの具体的な設計および実践」については、例えばコミュニティや仕事関係者、仲間同士のコミュニケーションが促される環境や場のデザインなどが考えられよう。では「創発的で結果が予測できないコミュニケーション」とは何だろうか。池田が示した創発的で結果が予測できないコミュニケーションと、制御可能なデザインという、相異なる2つの現象を提示する用語の意味をもう少しひも解きたい。

　ランドスケープデザイナーの花村周寛は「人々の言葉と身体から生まれるコミュニケーションは、その外側に居るデザイナーの手ではコントロール不能であるが、それを『直接的』に操作することが不能かつ不毛なのであり、それをある型や状態へ『間接的』に導くということにおいて、これまで我々が携わってきたデザインの中にある技術は、十分その効力を発揮するのではないか。その際に我々がデザイン出来るものは人々の行為を変容させることを促す『媒介物』のデザインではないだろうか[25]」（花村 2010：321-2）とし、「人々の間で交わされるコミュニケーションを直接デザインの対象とした『コミュニケーションデザイン』という言葉ではなく、デザインされたマテリアルを媒介にして間接的にコミュニケーションを誘発／調整する『デザインコミュニケーション』という表現の方がよりふさわしい」（花村 2010：323）と考察する。

花村の「デザインコミュニケーション」の言葉としての是非は別としても、池田と花村の定義を援用すると、アーティストが生み出す作品と観客の間のコミュニケーションを媒介するツールや器としての環境をマーケティングとしてデザインする、ということであり、そうした媒介物によって誘発されたのが「創発的で結果が予測できない」コミュニケーションである、と捉えることができる。

例えばSNSに関していえば、発信側が記事（記名か無記名か、情報の内容、トーン＆マナーと呼ばれる口調やスタイル、画像や動画、ハッシュタグ、発信時間や頻度など）をデザインすることで、SNS上で主催者と観客、さらに観客同士のコミュニケーションを誘発する。それらのコミュニケーションによって「デザインできない」多様な価値づけや関与が生み出される。一方ソーシャルマーケティングでは主催者による意図的で、ある程度一定な「行動変容」へ導くべく管理し、デザインされたコミュニケーションが必要とされる、と言い換えることができる。よって本書における「コミュニケーション・デザイン」では主催者から受け手に明確に定義した行動変容を求めるデザインではなく、芸術祭の公益なミッションに基づくも、あくまで「創発的なコミュニケーションによる人々の行為の変容」が目的であることを改めて明確にしたい。

8. 価値の認知メカニズム

次に観客とのコミュニケーションでの「デザインする」部分、「デザインできない」部分に関して別の視点を取り上げたい。ここまで「作品」には人を動かす何かがある、という前提で論じてきた。マーケティングも観客がその価値を捉えるためのサポートとして焦点を当ててきた。しかしそもそも「芸術には無条件に人を感動させる何かがあるものである」わけではない。そうした前提に対して芸術社会学者の中村美亜は、芸術を「モノと捉えるか、コトと捉えるかという点が整理されていない」と問い直し、モノであればコンテンツと意味は分かち難く結びついており、その意味は不変とする本質主義[26]（中村 2017：39）だとし、コトであればコンテン

ツの意味は常に出来事として決定される構築主義として整理した[27]（中村 2017：39）。そして芸術を「メッセージを伝える媒体でありながら、その媒体そのものもメッセージであることを意味」し「媒体そのものがコンテンツとして機能しながらも、その意味はそれを媒介するものとの関係性で変化し、しかもその媒体は、媒介するものの変質をも誘発する」と捉えた。つまり「美的対象と聴衆の双方を同時に生み出すと同時に、それらに変化を与え、変質を促すプロセス」である[28]（中村 2017：40）と説明している。つまり「芸術はどのように人間に作用するのか」、要は「芸術に触れることで、人間は価値をどう知覚するのか」のメカニズムを知ることで、何をコミュニケーションでデザインすればよいのかが明確になる、ということである。

　上述についてさらに中村の別の論考を、少し長いが筆者がまとめる形で引用する。中村は最近の認知科学の研究から、外からの刺激に対する人間の知覚は、刺激、外部環境、内部状態のかけ合わせによって決まるとして、以下を示している（以後、「知覚の変数」と記す）。

　刺激とは、視覚・聴覚等の刺激であり、外的環境とは刺激が受容される時の環境、内部状態とは、過去の経験による感覚器官の作用の仕方（意識的・無意識的な記憶）を意味し、それぞれコンテンツ（内容）、コンテクスト（文脈）、メモリーボックス（過去の経験に基づく反応フィルター）と言い換えている。これが知覚に影響するのであれば従来、美術はホワイトキューブ、音楽はコンサートホールで鑑賞されてきたのも、こうした空間が鑑賞者の知覚がコンテンツ（刺激）以外の要素に影響されないよう工夫されたもの、として理解できると指摘している。同様にキャプションやパンフレットなどで鑑賞の仕方を指し示せば、コンテクストの情報だけでなく、メ

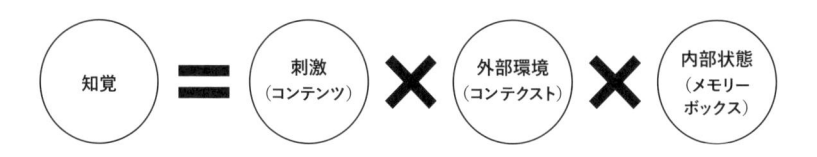

図2　中村の「知覚の変数」

モリーボックスの反応も制御し、ある程度同質な鑑賞体験をもたらすことができる。逆にコンテクストを変化させれば、鑑賞者の反応を変えることができるようになる。例えばインスタレーションアートやアートプロジェクトは、コンテクストを作り込み、作品の一部にすることで受け手の体験を一定の方向へと導くことも可能である。つまり受け手はコンテンツだけでなく、コンテクストやメモリーボックスに影響されながら作品を知覚する。中村はコンテンツだけでなく、コンテクストやメモリーボックスとのかけ合わせを含めた「場」という視点からアートにアプローチしていく必要性を主張している（中村 2018：30-35）。

　この考えを援用すると、コミュニケーション・デザインで考えるべきは、「刺激」であるコンテンツに直接介入せずに、ミッションやビジョン、事業目的などを外部環境と内部状態のデザインに織り込みながら、伝達することではないだろうか。つまり作品が示しうる価値と、観客の外部環境と内部状態をデザインしたコミュニケーションによって、丁寧に彼らを事業の目的に導いていくことがアートマーケティングの役割である、と筆者は提唱したい。よって「脱・マスマーケティング」「脱・拡散マーケティング」とは、ミッションやビジョン、事業目的に基づいてコミュニケーションをデザインし、導くにもかかわらず、そこから生まれる観客の解釈と活用は彼らの「創発性」「主体性」としてそのままにし、介入しないことを意味するのである。

9. ソーシャルメディア

[1] 現状のソーシャルメディア（SNS）の使用実態

　ここでは「脱・マスマーケティング」「脱・拡散マーケティング」をさらに考え進めるために、観客の「創発性」や「主体性」を表現しうるSNSの使用について、現状の確認をしたい。またコミュニケーション・デザインにおけるSNSを位置づけたい。

　従来のSNSはマスマーケティングや拡散マーケティングの道具として使われてきた。実際、利用者数、利用率、情報発信と拡散力の点でネットや

SNSは現代のコミュニケーションに欠かせない存在であるが、自らの情報発信にはやや消極的であることが各種調査[29]でわかっている。例えば「SNSを利用しているが、自ら情報発信することよりも他人の書き込み等を閲覧することの方が多い」または「SNSを利用しているが、自らはほとんど情報発信せず、他人の書き込み等の閲覧しか行わない」と回答した人が、SNS利用者全体の65%以上を占めている。これに対し、「SNSを利用して自ら情報発信を積極的に行っている」と回答した人は1割程度にとどまっている[30]。このようにSNS利用者の中でも自ら積極的に情報発信を行っている層は少数にとどまる。これに対し、他人の投稿を知人と共有する情報の「拡散」(フェイスブックの「いいね!」機能やツイッターのリツイート機能などを利用して情報を広めること)は、SNS利用者の5割以上が実施しており、約17%はほぼ毎日実施している。年代別にみると、20代以下でやや多いが、30代以上は大きな差はなく、年代を問わず活発な情報拡散がおこなわれていることがわかる[31]。

　SNS利用者の拡散する情報の基準においては、「内容に共感したかどうか」が46.2%で最も多く、「内容が面白いかどうか」が40.4%でこれに続く[32]。以上の調査結果から、SNSとは共感を得ることでマスに対して拡散が期待できるメディアであることがわかる。SNS利用者のほとんどは投稿クリエイターというよりは投稿の拡散者であるからこそ、マーケティングにおいては「いかに拡散してもらうか」という量的指標に関心が寄せられがちなのである。

[2] 本来のソーシャルメディアの魅力

　では自ら情報発信するSNSユーザーはどんな動機で投稿するのだろうか。これまでの研究ではその理由として準拠集団からの社会的是認と承認欲求、自己ブランド化、自己表現欲求の充足などが挙げられている。例えば正木大貴は「『インスタ映え』する写真を撮るためにはそのひとのセンスや情報力、行動力などが必要であり、そのひと個人の能力の評価につながるものと理解されている(中略)『インスタ映え』写真をあげて『いいね』をもらう。これは自分の承認欲求を満たしてくれるものとして非

常にわかりやすい」（正木2018：41-42）と指摘している。

　確かにSNSが自己承認ツールとして利用されていることは、最近話題である「SNS疲れ[33]」現象を鑑みても明らかである。しかし「コンテンツ」に関する投稿がすべて準拠集団からの社会的承認のために存在するわけでもない。SNSを通じて自分が感じた価値や意味を伝えたいがために投稿することは、SNSの最も本来的な使い方である。内田聡は「SNSの存在によって多種多様な市民が地域社会や組織の内外でオフライン・オンラインを通じて必要に応じて適当な形態で活動することを可能とし、かつて物理的空間に収まっていた価値観の共有や行動の範囲は格段に広がり多様化している」（内田 2013：38）と指摘している。マーケティングではSNSは受信者による拡散の役割が強調されがちだが、SNSを通じてコンテンツの価値観が共有され、ユーザーの行動が拡大されることがSNSの本来的な役割かつ魅力である点を今一度確認したい。

［3］ソーシャルメディアとコンテンツの関係

　SNSとコンテンツの関係性について、ハフィントン・ポストの共同創立者で、バズフィード（Buzzfeed）の創立者ペレッティ（Jonah Peretti）は、ソーシャルメディアの登場によりコンテンツとコミュニケーションの融合が始まった[34]、と指摘し「コンテンツはその情報の価値のためだけに消費されるわけでなく、ユーザー同士のつながりの仲介をするという機能や価値を帯び始めた」（天野 2017）と主張している。ユーザー同士のつながりを仲介するコンテンツとは、単にユーザー内で消費するのではなく、そのコンテンツがユーザーの中で何かしらの反応を引き起こし、そのユーザーが意味や価値を受容したからこそ、そのユーザーが何らかのコミュニケーション活動をおこなうことによって、他のユーザーに伝わっていくまでを指す。この活動によって生まれるものは「User Generated Contents（以後UGCと記す）」と呼ばれる。

　水越康介は「消費者の生産活動」としてそのUGCを挙げ（水越 2018：168）、マーケティングにおける共創（co-creation）や協働（co-working）として、顧客とともに価値の創造を目指すマーケティングの本質をインター

ネットやソーシャルメディアの発展は具現化してきた[35] (水越 2018 : 28-30) と指摘している。そしてソーシャルメディアは共創行為や創発性が可視化される媒体であることから、水越は「食事の写真ひとつ取ってみても、食事をするということが私たちとってはどういう意味を持つのか、生きるために食べるという低次の欲求を満たそうとする以上に、豊穣な意味をその中に見出していて、デジタル時代では、こうした意味が様々な価値をとり、インターネットやソーシャルメディア上に表出している」(水越 2018 : 25) としている。

　以上の考えを整理・援用すると、観客は芸術祭サポーターや地域住民と異なり、1日しか直接に鑑賞ができないかもしれない存在であるが、彼らをUGCの「生産者」と位置づけると、SNSという媒介物は、マーケティングの第2フェーズとして観客の「消費者」から「生産者」への変容の表出を示せる可能性がある。さらにそれら投稿に「豊穣な意味」を捉えることができれば、「芸術祭固有の価値の共有」や「芸術祭の経験から発現する『主体性』」を見出せる可能性がある。つまりSNSはデザイン可能な「外部環境」や「内部状態」に係る媒介物 (主催者のSNS) となりえる一方、その媒介物によって誘発された「知覚」つまり観客の「価値づけや関与」の源が表現されている媒介物 (観客のSNS) でもある、と言えよう。

10. 創発性の管理思想

　ここまで述べてきたことを簡単にまとめてみよう。

①アートマーケティングとは、作品と出会い、その体験の価値化を促す活動である一方、ソーシャルな目的に関わるソーシャルマーケティングは「自律的な変化」を促すマーケティングであり、その目的の違いから生まれる地域型芸術祭マーケティングのジレンマが見られる。また地域型芸術祭の目的達成までの3段階のコミュニケーションフェーズモデルを示した。第1段階は関心を高めるコミュニケーションのフェーズ、第2段階は価値づけて、関与の意思を醸成するコミュニケーションのフェーズ、そして第3段階は具体的に行動を起こす、自律的な変化に関するコ

ミュニケーションのフェーズである。

②コミュニケーション・デザインは、〈創発性の管理思想〉である。〈創発性の管理思想〉とは具体的には創発的で結果が予測できないコミュニケーションと、制御可能なデザインという、相異なる2つの現象を表している。管理＝制御可能なのは人々の行為を変容させることを促す「媒介物」のデザインであり、創発性とは、そうしたデザインされた「媒介物」によって間接的に導かれることでコミュニケーションが誘発／調整された結果の「人々の行為の変容」を指している。

③別の視点から芸術におけるコミュニケーション・デザインを捉えると、中村の「知覚は刺激、外部環境、内部状態のかけ合わせである」という知覚の変数を引用して、「芸術はどのように人間に作用するのか」は、刺激としての作品（コンテンツ）だけでなく、外部環境（コンテクスト）と内部状態（メモリーボックス）によって「知覚」のデザインが可能である。つまり作品が示す多様な価値を、コミュニケーション・デザインされた外部環境と内部状態を通して丁寧に観客をある方向に導くが、その解釈と活用そのものは観客の「創発性」「主体性」であるとしてデザインは介入しない。

④SNSは現代のコミュニケーションに欠かせない存在である。そして観客の生産活動である投稿（UGC）には豊穣な意味や創発性が存在する。これをコミュニケーション・デザインにおける第2フェーズの「誘発された結果」と捉えることで、芸術祭の成果である「芸術祭固有の価値の共有」や「芸術祭の経験から発現する『主体性』」を捉えることができるのではないか。

註：

1) 交換概念については詳しくは脚注19を参照のこと。ここではアメリカ・マーケティング協会（American Marketing Association）の「マーケティングとは、顧客、クライアント、パートナー、そして社会全般にとって価値のある提供物を創造し、伝達し、届け、交換するための活動であり、一連の制度であり、プロセスである」の定義内での「交換」を意味している。

2) 主に吉田隆之（2012, 2013, 2014, 2018）や鷲見英司（2010, 2012）ら。

3) 主に三宅美緒（2017）、藤原旅人（2020）、金嬪娜（2018）など。

4) 例えば茨城県北芸術祭は2019年に第2回の開催を予定していたが、「持続的な発展に対し、真に効果的であったか曖昧な県北芸術祭は中止する」との理由で中止となった。知事交代によってわずか2016年1回限りの開催であった。

5) 事業規模が大きくなればなるほど、単位当たりのコストが小さくなり、競争上有利になる効果のこと。

6) 本研究では「非アート文脈」と称する。アートファンは「アート文脈」と称する。

7) 非アート文脈にはそれぞれ芸術祭の地域の課題や実情によってさまざまな「文脈」が存在し、内包する。例えば地域活性化やまちづくりの観点から関わる人たちなど。

8) 1つの投稿に対して各SNSが定める「エンゲージメント」が発生した割合で、投稿に対する閲覧者の反応の度合いを知ることができる。企業と顧客の結びつきを把握する目安となる。例えばFacebookでのエンゲージメントとは「投稿がリーチし、投稿に関していいね！やコメント、シェア、またはクリックした人数」となっている。
Social Media Lab by Gaiaxより；https://gaiax-socialmedialab.jp/post-30206/（2024年11月30日アクセス）

9) 和訳は小林真理, ＆片山泰輔（2009）『アーツ・マネジメント概論 三訂版』水曜社 pp.192-3 から引用。

10) 山田による「アーツ・マーケティング」の特徴として「公共性」「無形性」「長期性」「専門性」を挙げている。社会と鑑賞者との関係を明確にするための芸術組織のミッション（公共性）、顧客の視線で捉える芸術体験（無形性）、短期あるいは各イベントの利益だけでなく、長期的な視野で事業を組んでいくことによって得られる活動の評価、名声やパフォーマンス効果など、貨幣価値に換算できない活動のリターン（長期性）、そして芸術作品に精通しており、芸術企画というプロダクト開発能力、芸術鑑賞者とのコミュニケーション能力、マーケティングに関する知識（専門性）である。

11) 筆者は「理解すべき」ではなく「理解したい人びと」と言い換えるべきだと考える。なぜならアメリカ・マーケティング協会の定義を参照すると、マーケティングによって、対象とする顧客に価値がある、と提示することで、顧客がそれを理解したいと思い鑑賞に向けて行動を起こし、交換するからである。

12) アメリカのマーケティング学者 Schmitt（2000）によって提唱された概念である。製品をこれまでの物質的・金銭的な価値ではなく、利用体験によって得られる感動・満足感など心理的・感覚的な価値によって説明を試みたものである。

13) 衛紀正「集客から創客へ 回復の時代のアーツマーケティング第二章 最新のアーツマーケティング／その理論的根拠。(1)」https://x.gd/BeZcb（2024月11月30日アクセス）

14) 衛紀正「集客から創客へ 回復の時代のアーツマーケティング第二章 最新のアーツマーケティング／その理論的根拠。(3)」https://x.gd/at90E（2024年11月30日アクセス）

15) なお、各先行研究では「顧客」「享受者」「鑑賞者」「聴衆」とそれぞれ言葉の使い方が異なるが、作品鑑賞行為に関わるマーケティングの対象者としてほぼ同じ意味で使用していると解釈し、以降本研究では「観客」と称することとする。ただし原文を引用する場合は原文のままの表記とする。

16) 内閣府の定義する「公益目的事業」には文化芸術もその中に含むが、本書において、文化芸術振興目的とそれ以外を区別する目的から、文化芸術振興以外の公益目的をソーシャルと表現する。

17) 事業内容を目的（目指すもの）と手段（目的を達成するための活動）の関係で整理することにより、目的と手段の関係を可視化するロジックモデルなど、文化芸術以外の非営利事業の評価手法で頻繁に使用されているフレームワークを取り入れることが考えられる。しかしあくまでも事業目的と芸術、他分野との関係と連携を整理する目的であり、文化芸術活動の中には、規

模が小さく、かつ事業形態も試行錯誤しながら、芸術との連携手法を模索している活動も多くあるため、活動（activity）→活動の結果（output）→成果・効果（outcome）のように直線的に予測が立てられない場合があることに留意すべきである。複雑な状況においてロジックモデルの通りに進まないことも多く、偶発的に面白いことが起こったり、創発的に人と人や物事との関係を変化させたりすることがある。

18) 社会貢献に類する活動を支援・促進するソーシャルサービスの総称、またはそうしたサービスを通じて社会貢献活動を促進する取り組みのことである（出典：Weblio 辞書）。

19) 「交換概念」について、芳賀（2014）はソーシャル・マーケティングが登場し、マーケティング研究の一領域として認められるようになる際に基礎概念として用いられた「交換概念」を再検討し、ソーシャル・マーケティングを「社会的交換」という観点から捉えた。交換には経済的交換と社会的交換に区別されるが、社会的交換は「何を交換するか」「誰と交換するか」への注目を促し、交換される財の価格や数量、タイミングは事前に確定せず、それら以外の情報を客観的に判断する一般的な基準が存在しないことからリスクが高い、と指摘した。また社会的交換を成立させる動因として、①交換から得られる利益、②互酬性の原理、③規範への同調の3つを挙げている。①は企業の社会貢献活動の例を挙げ、企業が提供する社会的価値が支持され、その支持の表明（典型的には当該企業の製品購入や推奨）が社会的価値供与の継続に影響するという知覚が報酬の前提となる。②は供与に対する返礼を促す要因であり、返礼の義務である（例えば歳暮や中元など）。③は②とは逆に、積極的供与を促す要因で、企業の社会貢献活動と消費者の関係において、消費者が当該企業の製品を購入推奨するのは、そうすることで準拠集団からの社会的是認を獲得するためである。

20) 最近の事例として、2023 年 8 月 7 日から 11 月 5 日まで 1 億円を目標に実施した東京国立博物館が実施したクラウドファンディングでは、約 5 万 7,000 人から約 9 億 2,000 万円が集まった。

21) 1963 年に設立された公益財団法人の文楽協会（大阪市中央区）に対しては、長年、国、府、市が補助金を提供してきた。また国は大阪に専用劇場を作った上で公演を支援している。地元の大阪府と大阪市も毎年文楽協会に対して 5,200 万円の補助金を助成してきた。これに対して橋下徹大阪市長（＊当時）は芸術文化団体に対して経営の自立を促進し、継続的に運営補助金を出すというやり方を見直す方針を打ち出した。そして文楽協会への補助金を 25%カットすることとともに、文楽協会に運営改革案を作って実行することを求めた。しかし、協会側は公開の場での意見交換会を拒否するなど予算執行条件を満たす気配を見せないことから市側は補助金の執行を停止した。
日経ビジネスオンライン 2012 年 11 月 23 日記事。https://business.nikkei.com/article/NBD/20121119/239548/（2024 年 11 月 30 日アクセス）
その後、日本経済新聞（2018 年 3 月 8 日付記事。https://www.nikkei.com/article/DGXMZO27814390X00C18A3N13000/（2024 年 11 月 30 日アクセス）は「橋下元大阪市長による改革で文楽を取り巻く環境は厳しくなったが、メディアで取り上げられることが増え、文楽への関心が高まるきっかけになった面もある。実際、文楽劇場の年間来場者数は、12 年度に前年度比 14%増の 10 万 3791 人となり、以来 10 万人超を維持している」と文楽への関心の高まりを報じている。

22) 1920 年代にサミュエル・ローランド・ホールによって提唱された購買行動モデル。その後さまざまな購買行動モデルが登場したあとも、消費者の購買行動モデルのひな型として用いられることが多く、汎用的なモデルである。次の 5 つのプロセスから構成されている。A：認知・注意（Attention）I：興味・関心（Interest）D：欲求（Desire）M：記憶（Memory）A：行動（Action）。

23) ただし AIDMA は商品購入のための消費行動を説明するため、最後の行動段階が初めて購入する＝商品を体験する、となる。しかしながら本モデルにおいては、行動の変容をビジョンの目的に置くために、芸術祭に訪れる、という行動は第 1 フェーズと第 2 フェーズに間に位置

し、その経験価値は第2フェーズ、行動変容は第3フェーズの主な要素となる。よって AIDMAを3つに分けて、その概念を本モデルのフェーズ分類に適用している、と捉えてほしい。

24) ただしマーケティングの一環である広報業務として批評家に批評を執筆してもらい、専門誌、一般雑誌、新聞紙、ネット媒体等にて記事化を図ることで、図1の第1フェーズおよび第2フェーズである「芸術祭実施前の告知」および「作品の価値判断」の目的を果たすことは従来からおこなわれている。

25) 花村はその技術の例として名刺を挙げ、次のように説明している。「例えば見知らぬ人同士があいさつを交わす時に、名刺という媒介物はその情報を挟みながら会話するという方向へ行動が変容することを促す。つまり我々は人々の行為やコミュニケーションそのものをデザインすることは出来ないが、行為を媒介するものをデザインし、コミュニケーションを変形するというかたちでコミュニケーションデザインに参加することが出来る可能性が残されている」。

26) 中村は、音楽を例として「音楽が人を感動させるとすれば、それは音楽に人を感動させる何かがあるからという前提で、音楽学は伝統的に音楽の旋律、リズム、ハーモニー、形式構造等の分析に重点を置いてきた」としている。

27) 中村は、ここでは社会学の機能主義的な見方を例にとり「社会学は音楽と社会構造の関係や、音楽の及ぼす社会的影響に関する研究に注力した。（中略）音楽の社会的機能は明らかにされても、音楽がどのように人に作用するかという点は不明のままだった」としている。

28) 中村はアフォーダンスの概念を使って以下の説明をしている。「(1) 音楽の意味は、音楽のコンテンツが許す（アフォードする）範囲において、状況によって変化する。(2) 人は音楽を用いる過程において、その意味を見出す方法を獲得する。

29) 例えば平成27年度総務省「社会課題解決のための新たなICTサービス・技術への人々の意識に関する調査研究」など。

30) 平成27年度版『情報通信白書』p.210。

31) 前述書 p.210 および平成27年度総務省「社会課題解決のための新たなICTサービス・技術への人々の意識に関する調査研究」p.44。

32) 前述書 p.211 および平成27年度総務省「社会課題解決のための新たなICTサービス・技術への人々の意識に関する調査研究」p.45。

33) ソーシャルネットワーキングサービス（SNS）やメッセンジャーアプリなどでのコミュニケーションによる気疲れ。長時間の利用に伴う精神的・身体的疲労のほか、自身の発言に対する反応を過剰に気にしたり、知人の発言に返答することに義務を感じたり、企業などのSNSで見られる不特定多数の利用者からの否定的な発言や暴言に気を病んだりすることを指す（デジタル大辞泉より）。

34) https://www.vox.com/2016/12/19/14010044/buzzfeed-wins-internet-future-of-media-online-social （2024年11月30日アクセス）

35) 水越は顧客に受け入れられた優れたブランドであればあるほど、企業の手から離れていき、ブランドの価値が、自分たち（企業側＊筆者追記）だけではなく顧客とともに創り上げられているということを意識することは、マーケティングの本質的な問題である、としている。

「消費する」から「価値づける」へ デザインする

1. 外部環境と内部状態のデザイン

本章では「観客」が、作品の鑑賞体験を通して創発性を発揮するに至るまでの媒介物としての、外部環境（コンテクスト）と内部状態（メモリーボックス）のデザインを考える。「消費する」から「価値づける」への転換のために、作品鑑賞前に主催者側の視点から何を、どう伝えているのか、3つの芸術祭を事例に、①芸術祭のミッションとコミュニケーション・デザインの関係、②SNSでの観客の受容、そして、③作品鑑賞の仕掛け、の3つの観点から分析する。

考察1では「奥能登国際芸術祭（2017）」のコミュニケーションディレクターが、芸術祭の目的に沿いつつ観客の内省的思考を促すアプローチをコミュニケーション戦略として試みていった事例を取り上げ、その思考プロセスを追いながら、コミュニケーション・デザインの上でキーとなる要素の抽出を試みる。

考察2では「茨城県北芸術祭（2016）」を取り上げる。SNSを使ったマーケティングには「エンゲージメント率」と呼ばれる、顧客と結びつきを図る指標がある。これらはSNSのプラットフォームによって細かな定義は違うものの、おおよそ「投稿が何人にリーチし、そのうち何人がその投稿に関していいね！やコメント、シェア、またはクリックしたか」つまりその投稿が

どれだけ共感を得たかを示す数字として使われている。これは従来型の量的指標であるが、観客の受容、つまり「どんな情報が観客に受け入れられているのか、もしくはあまり関心が持たれていないのか」をSNSフォロワーのエンゲージメント数の比較によって把握が可能となるという利点がある。この指標を用い、情報の種類による反応の違いを分析する。

考察3では「さいたまトリエンナーレ（2016）」（現・さいたま国際芸術祭）に出展された作品「Elemental Detection（2016）」の鑑賞デザインを手がけた広報担当への取材から、鑑賞の現場における観客の「個人の経験、知識、思考を生起する」コミュニケーション・デザインについて論じる。

2. 【考察1】芸術祭のミッションとコミュニケーション・デザイン

考察1として、「奥能登国際芸術祭」のコミュニケーション戦略の変遷を取り上げる。奥能登国際芸術祭は、大地の芸術祭越後妻有アートトリエンナーレや瀬戸内国際芸術祭など数々の日本を代表する芸術祭をディレクションしてきた北川フラムが、2017年に石川県の能登半島の先端に位置する珠洲市で、「日本の"さいはて"から最先端の文化を創造する試み」として立ち上げた地域型芸術祭である。本芸術祭のコミュニケーションディレクターであり、元大手広告会社出身で、広告・Webプランナーおよび大阪芸術大学教授である福田敏也が、アーツカウンシル東京が主催するTokyo Art Research Lab『思考と技術と対話の学校』技術を深める（第2回）にて、「アートプロジェクトを伝えるための技術〜地域と芸術をつなぐ、広報、PR、コミュニケーション・デザインとは？〜」をテーマに、2017年11月21日に開催された講演内容から筆者がコミュニケーションのデザインプロセスに関連する部分を再構成する形で抄録し、分析を加える。

[1] 奥能登国際芸術祭の概要と目的

奥能登国際芸術祭は2017年9月3日から10月22日までの50日間、「奥能登・珠洲 15,000人とともにつくる芸術祭」を標榜して開催された。

会期中は天候にも恵まれ、週末やシルバーウィーク等の連休を中心に当初の予想を上回る6万8,655名の来場者推計値を記録した。主催は「奥能登国際芸術祭実行委員会」である。もともと2014年3月に民間主導のもと「奥能登里山里海国際芸術祭実行委員会」が発足したが、翌2015年4月に市開催準備室開設がされたことも踏まえ、官民一体となった推進体制となった[1]。実行委員長は珠洲市長の泉谷満寿裕、総合ディレクターに北川フラム、コミュニケーションディレクターに福田敏也が就任した[2]。本芸術祭の開催目的は以下である。

1. 珠洲の魅力（伝統、文化、自然、食等）を広く伝える
2. 市民が珠洲の潜在力を再認識し自信と誇りを持つ
3. 全国から集まった鑑賞者、サポーター、市民が交流し新たなつながりが生まれる。それにより、珠洲の魅力を高め、若い人を惹きつけ、UIターン、移住・定住につなげる[3]。

　これらの開催目的に対して、総括報告書では4つの開催効果（①魅力の再発見、広域発信に関する効果　②交流の促進、新たな人のつながりに関する効果　③交流人口の増加　④交流人口増加に伴う経済効果）を挙げており、公式アンケートの実施結果や定量的なデータを示しながら、上記1〜3の開催目的に対して「大きな効果が発現したと考えられる」と明記している。さらに「総合的な政策として継続的に取り組むことにより、長期的な目標である『珠洲の魅力を高め、若い人を惹きつけ、UIターン、移住・定住につなげる』ことが実現されると考えられる」と総括している。

［2］コミュニケーション戦略の変遷

　前節で示した「奥能登国際芸術祭」の開催目的の中に文化芸術振興の目的は直接的には記されていない。代わりにソーシャルな目的が掲げられている。総合ディレクターである北川によると、「その土地・生活・人々の魅力を再発見するアーチスト達が参加し、珠洲の人、地域外からのサポーターを含め大勢でつくりあげ、今までにない新しい芸術祭をめざしています。外浦から内浦にかけて展開されるアートは、奥能登の岬めぐりの新しい道しるべとなり、列島と大陸の関係を含めた環日本海のこれから

のあり方を示唆してくれることでしょう[4]」と述べていることから、上記の
ソーシャルな目的は、芸術祭とその展示作品を媒介に伝達されることが
期待されているだろう。福田の講演内容からコミュニケーション戦略は大
きく2期に分けることができた。

・**第1期**（2016年2月から2016年12月ごろまで）
　福田は、コミュニケーションディレクターを引き受けてから、芸術祭が数
百、都道府県以上にたくさんある時代の中で、なんで芸術祭がそんなに
あるのか？　その存在する理由に大きな疑問を持ち、数ある中で珠洲が
振り向かれる理由はなんなのか、を自問自答し続けた、と語る。

　もともとCMプランナーなので、何が伝えるべきコアなのか？　珠洲はどう
いう理由で振り向かれるのかわからないとスイッチが入らない。そこで考え
たのが「知らせるのではなく、評判を広げる」こと。知らせるだけでは、ああ
そうなのね、というだけで行く理由にはならない。評判を広げることを考え
なきゃいけないんだ。起点はユニークなファクトと活動、これらを開催される
までのタイムラインでどうコンテンツにしていくのか、を考えた。

　そこで芸術祭をスタートするときに、地元の人が自らその土地の魅力を
発掘することを目的として、地元の人を巻き込むフォトコンテストを実施し、
「おくノート」フリーペーパーの発行や、ソーシャルメディアを通じた「奥能
登の魅力100選」プロジェクトとして、写真に加えて、そのイメージに紐づ
く記憶や思いを伝える言葉を添えてもらう、といった奥能登の魅力を発見
するきっかけ作りと発信に注力していった。

・**第2期**（2017年1月から芸術祭終了まで）
　しかし、2016年暮れを迎え、広報チームも上手く機能し、Webや宣伝も
問題なく進む中、本人いわく「なんか芯を食った気がしない」と感じ、改
めて珠洲の魅力は何か？　と自問自答しはじめた。かつて大陸からの交
易が盛んだった時代に能登半島は物流のハブであり、大陸文化の玄関

画像1　第1期の頃のインスタグラム公式アカウント投稿例
この時期は観光写真的なアプローチが多く見られた。

（2016年2月23日投稿）

（2016年5月2日投稿）

口として日本文化とぶつかる「潮目」ともなる活気溢れる場所であった。そこから物資や大陸の文化芸術が朝廷に伝わった歴史ある土地だったが、首都が江戸に移ると、交易の中心地的役割がなくなったことで、高度経済成長の恩恵を受けることなく、活気は薄れ、当時の名残りが手つかずのまま冷凍保存されたような土地である。確かに食も自然も豊かで素敵な場所であることは間違いないが、なぜ芸術祭である必要があるのか、「芸術祭とはなんなのか」と疑問を持ち、2016年末に北川に自身の自問自答をぶつけながら理解の確認をおこなった。

　過疎に悩む場所に「客寄せパンダ」としてアートを位置付けてもその価値はすぐに消える。一時的な集客に一喜一憂するのではなく、連続的に持続

させていくことを考えたい。

　過疎はマイナスじゃない、過疎だからこそ奇跡的に守られてきたもの、そこに超プラスがある。だからダメなものを上から目線で助ける活動じゃない。守られてきたものをリスペクトし、その素晴らしさに共鳴する活動だ。(中略)なんでもない、忘れ去られた場所たちが守り続けてきた価値に気づく人は気づいている。気づいている人たちの先っちょにいるのが時代感度の案内人、アーティストだ。だからアーティストはそのコンセプトに賛同し、その地のユニークネスに想像力をふくらませる。参加アーティストの作品は、その気づきの表現だ。重要なのは気づきの伝染。伝染から生まれる人のつながり、未来への引き継ぎ。アートはそのメッセージを理屈ではなく、感覚的に人々に届けていく。

　芸術祭は、その価値に気づき共鳴するアーティストが集い、アートをランドマークにして、残すべき地域価値の再認識をしてもらうための装置であり、きっかけである。

　福田はそこで「最涯（さいはて）」という言葉によって差別化（さいはてと最先端を結びつけた芸術祭である、という意味で北川が早い時期から名付けていた）し、田舎ではなく、タイムスリップしたかのような異国感、現代日本からの精神的、文化的距離の遠さを象徴するものとして、コミュニケーションにこの言葉を使用する。さらに言葉に頼るだけでなく、ビジュアル面でも珠洲の「忘れ去られた日本」感を表現し、感じさせていくことを大切にした。芸術祭ブームにあやかって来訪する人の数を増やすことよりも、この地域の残すべき価値に気づく人の数を増やし、アーティストをただ紹介するのではなく、彼らの「気づきの意味を伝えるコミュニケーション」を重要視し、そうすることで忘れ去られた価値の維持装置として芸術祭を長く確実に機能させていくことになる、と考えた。そのスタンスはすべてのメディア対応にも反映されることとなる。

　以下が第2期のインスタグラム公式アカウントにおける投稿例である。第1期の観光写真的なビジュアルに加えて、制作現場や地元住民の言葉に注目した内容やビジュアルが次第に散見されるようになる。ウェブサイト

でも同様の展開で、ストリートスナップや「わるないわ〜投稿写真ピックアップ」と題し、気になる写真の投稿者に撮影秘話を取材するなど「人物」に焦点を当てたコミュニケーションが増えていく。

画像2　第2期の頃のインスタグラム公式アカウント投稿例

　「父親が学生の時に着とったドテラや化粧回しは、着ると何とも言えん気持ちになります。」（ウェブサイト記事[5]）より）

　珠洲の祭りには神輿（神様）を家にお迎えするために、神主さんが家々を回って祝詞をあげる文化「御招待」があります。そのときに撮影されたのがこの1枚。撮影者の松田咲香さんは、珠洲にUターンしてから祭りの写真を撮り続けているといいます。「きっかけは、父が見せてくれたお祭り

カレンダー。中学卒業後、珠洲を離れてしまったので、地元飯田の燈籠山祭りしか知らなかったんです。でもほかの地区に行ったら全然違っていて、珠洲について何も知らないことに気づきました」（ウェブサイト記事[6]より）

福田は作品のラインナップを伝えるコミュニケーションではなく、どんなアーティストが何を感じてどんな作品を作っているのか、そのストーリー作りに力点を置くようになり、新聞取材などでもそのスタンスは貫かれた。「おくノート」は、コンテンツを珠洲紹介路線から芸術祭情報に寄せた展開へ移行し、参加アーティストが発見した珠洲、という視点で紹介していく流れに変えた。

　芸術祭はイベント設計ではなく、コミュニティビルディングである。
　イベントだとそこにどう人を呼ぶのか、だが、コミュニティを作る、が大目標となるとどういう人を対象にどういう集め方をし、どういうコミュニティが組成されるのかをイメージして考えながらやらなければならない。タイムラインのあり方、目指す集客の意味が変わってくる。（中略）芸術祭がもたらすフィジカルな体験や体感の共有が大事なんだ。
　（中略）アーティストはアート作品で価値を伝える、他のレイヤーはそれぞれの日常文脈で価値を伝える。それぞれがそれぞれの「珠洲ってなんだっけ？」のプロトコルを持ち、意味と言葉を持つ。
　（中略）振り向かれる何かを作るとき、アーティストがなぜそれを作ったかのストーリーと、それぞれのレイヤーがなぜ参加しているのか、地元で活動している子たちはどう感じているのか、を等価で扱うことにした。フラムさん大事、アーティスト大事、だけどコミュニケーションのコンテンツの中ではアーティストの言葉と地元ボランティアの言葉は同じ価値として扱うことにした。

結果的に、福田が方針転換を決めた時点では残りの予算も少なかったこともあり、第2期では福田自らインタビューに赴き、言葉にして、写真を撮ってと、すべてのコンテンツを作っていくこととなった。本質をちゃんと伝えて、人数ではなく、受け止められる人を掘り起こすのが芸術祭のコ

ミュニケーションにおいて重要である、と福田は語った。

　福田の語った新たなコミュニケーションアプローチは公式ウェブサイトの「最涯珠洲を語る」特集記事に見ることができる[7]。ここではアーティストやサポーターがそれぞれ自分の中の珠洲の景色や、場としての意味を語っている。特にサポーターの記事は「珠洲がこの先100年大切にすべきことは何か？」などサポーター共通の質問にも答えているほか、それぞれのライフヒストリー的な内容にもなっている。

［3］分析と考察

　ここまでの福田のコミュニケーション戦略について、その変遷を3段階のコミュニケーションフェーズの枠組みを使って表1のように整理した。

　第1期のコミュニケーション・デザインでは、珠洲の魅力を地元の人が自らの言葉や写真（もちろんプロの写真家の協力も得ながら）で外に伝え、土地のユニークな部分をマーケティングの基本である「差別化」と「広がり・拡散」を意識しながら丁寧に作り込んでいった。珠洲の魅力を伝えるコミュニケーションに市民の参加を得て、地元紙の広告やフリーペーパー、地元媒体でのパブリシティ露出などの伝統的なマーケティング・コミュニケーションだけでなく、ソーシャルメディアを使った双方向のコミュニケーションを意識していたが、実際に福田によると市民は「俺たちの街はみんなにお伝えできる特産品もないのさ、来てもらってもお見せするものもな

表1　奥能登国際芸術祭のコミュニケーション戦略分析

コミュニケーションフェーズ	第1フェーズ	第2フェーズ	第3フェーズ
求めるアウトカム	情報を受信する・理解する・関心を持つ	価値づける・関与の意思を持つ	自律的に行動する
奥能登国際芸術祭の開催目的	①珠洲の魅力（伝統、文化、自然、食等）を広く伝える	①に加え、②市民が珠洲の潜在力を再認識する	①と②の結果、交流と新たなつながりが生まれ、UIターン、移住・定住を期待
第1期コミュニケーション・デザイン	知らせるのではなく評判を広げる		
第2期コミュニケーション・デザイン		気づきの表現と意味を伝え、伝染させる	集客ではなく、コミュニティビルディングを目標

い」と言ってしまう状態であった。単に「珠洲の魅力を伝える」ためであれば、観光プロモーション施策であって、そもそも芸術祭開催にこだわる必要性はないだろう。

　福田は芸術祭という形式を取るからこそ伝えるべきことは何か、と自問自答したことで、コミュニケーションフェーズの第2フェーズのコミュニケーション・デザインに舵を切る。つまりアート作品鑑賞から「個人の経験、知識、思考の生起」を促し、観客にとっての価値づけのきっかけとなるような「アーティストの気づきの表現」の情報発信を芸術祭のさまざまな媒体を通して重ねたのである。さらにその気づきの意味も伝えることで、開催目的②の「市民が珠洲の潜在力を再認識し自信と誇りを持つ」ことも期待できる。同時に、地元ボランティアや子どもたちなど、アーティスト以外の珠洲の人たちの日常文脈に基づいた言葉も等価に扱うこと、すなわち芸術祭に関わりを持つ人々の多様な「気づき」を伝染させるかのようにコミュニケーションすることで、地元内外の人たちへ、展示作品だけに限らない「地域」への愛着や関心を活性化させる道筋を創った、と分析できよう。そして芸術祭を「イベント」ではなく「コミュニティビルディング」と位置づけを変えたことによって、観客のターゲットや集客の意味、時間軸が変わり、価値づける第2フェーズのコミュニケーションの必要性がより明確となった。またコミュニティビルディングが第3フェーズの「自律的行動」の目的となったからこそ、開催目的③の「全国から集まった鑑賞者、サポーター、市民が交流し、新たなつながりが生まれる」ことに強く結びつき、その先にある「UIターン、移住・定住」を視野に、同一事業を長期的かつ定期的に開催する、という時間軸が現実味を帯びたものとなった。

　これらまとめると、以下のように「奥能登国際芸術祭」におけるコミュニケーションフェーズの循環を整理できる。

　まずコミュニケーションフェーズモデルに奥能登国際芸術祭の第1期コミュニケーション・デザインと第2期コミュニケーション・デザインを重ね合わせると、第1フェーズは「珠洲の魅力の評判を広げる」コンセプトによって関心を持ってもらうことを目的としたコミュニケーションである。そして第2フェーズの価値づける、関与の意思を持つ段階では「気づきの表現と

意味・伝染」、第3フェーズの自律的な行動は「コミュニティビルディング」
となる。ただ、第3フェーズは、芸術祭を1度開催するだけですぐに実現
するものではないことから、定期的かつ数年に亘る開催でようやく実現が
可能となる。すなわち芸術祭1回の開催における第1フェーズと第2
フェーズのコミュニケーションの循環と積み重ねが、第3フェーズの実現
につながるのである。また第1フェーズと第2フェーズは明確にコミュニ
ケーションが変化する、ということではなく、第1フェーズのコミュニケー
ションは続行しつつ、それらが蓄積された適切なタイミングで第2フェーズ
がはじまり、重なり合うイメージである。同時にコミュニケーションの循環
によって、アートに不慣れな観客は知識が増えていくと共に、自分の知ら
ないものに対する知覚のリスクが減少する。さらに経験の増加による慣
れと嗜好によって価値づけの環境が整い、周りにその経験を伝え、共有
したいという気持ちが芽生える。「珠洲の人々の日常の文脈」とは、珠洲

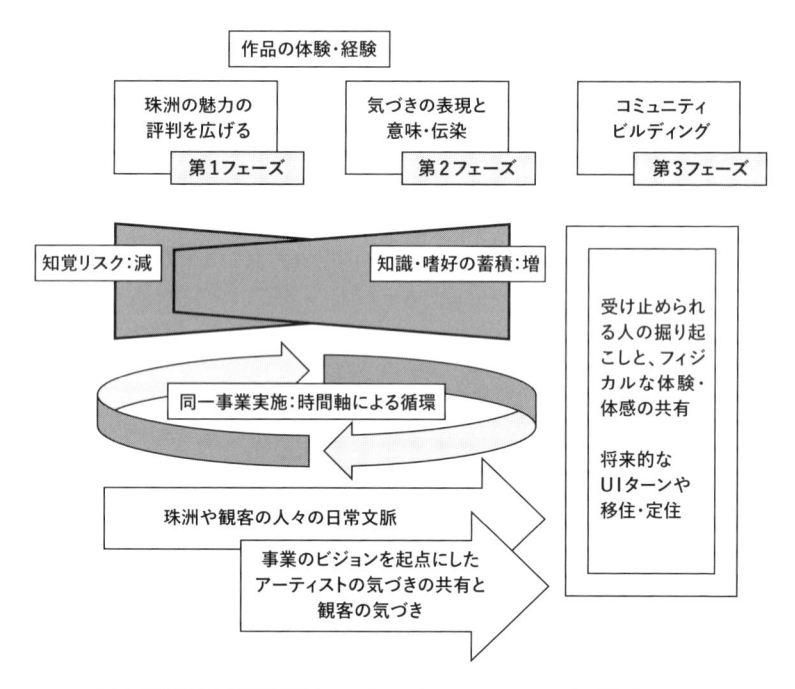

図3 「奥能登国際芸術祭」のコミュニケーションフェーズの循環

の人々の「日常」は常にそこにあるということであり、第1フェーズでも第2フェーズでも根底となるコミュニケーションのコンテンツである。ただしそれぞれのフェーズでは活用の仕方に違いが見られる。第1フェーズではフォトコンテストや「奥能登の魅力100選」で紹介する写真にまつわるエピソード、思い出など、あくまで土地の魅力を発見するきっかけづくりとして地元の人々の参加が位置づけられる。しかし第2フェーズにおいては、価値づけ、意味、伝染が目的であり、何が「地域の残すべき価値」なのかを、その土地を形成している日常の文脈の中にいる地元の人々の存在と言葉で浮かび上がらせた。それは、アーティストによる価値の気づきによって昇華された作品とは違う重要さを持ち、観客に考えさせる。

　なぜ鑑賞前後にこのプロセスが必要なのか。それは第3フェーズのコミュニティビルディングが、地元、観客を問わず、芸術祭によって提示された価値に共感した人たちが集まることを指すのであれば、その価値を集まる人たちの目線で示さなければならないからである。だからこそコミュニケーション戦略によって、芸術祭の目的が「地域の残すべき価値」という具体的な言葉となり、芸術祭は「忘れ去られた価値の維持装置」として再定義されたのである。観客は作品や芸術祭のコミュニケーションを通して視点を受けとり、価値を考えることが第2フェーズとなるのである。これが図3の中の「事業のビジョンを起点にしたアーティストの気づきの共有と観客の気づき」の意味である。つまり作品の「刺激」に、地域の残すべき価値という場の文脈を創る（外部環境）、その具体として地元住民の言葉や日常が、観客とシンクロする（内部状態）形でメディアを通して提示することで、芸術祭は「コミュニティビルディングの体感の場」に変化するのである。

［4］【考察1】まとめ ─観客の目線に立った再定義・再編集─

　従来の地域型芸術祭のコミュニケーションでは、アーティストのアウトプットである作品を中心にしながらアートの関連情報、そして展示場所として土地の魅力、歴史、環境などを伝えてきた。もちろんアーティストと土地の間には、密接な関係が程度の差こそあれ存在するのだが、作品によっ

ては観客の目線からそれを捉えることは難しい場合もある。しかし「奥能登国際芸術祭」の特徴的な点は、まず芸術祭の目的と位置づけを、観客の目線を保ちながらコミュニケーションにおいて再定義したことであり、さらにアーティストが制作にあたってその土地に見出した価値を丁寧に拾って伝えつつ、その価値とは別の側面まで、地元の人たちの言葉を大事に引き出しながら観客と同じ目線で「手がかり」として伝えた戦略にある。コミュニケーション・デザインの観点に立てば、その「手がかり」によって、アート関連の情報と場所・環境の情報が分離することなく「残すべき地域の価値」として視点を整え、作品鑑賞を通して観客とアーティストや地元住民の文脈と交差できる環境を創り出した、と言えよう。

　芸術祭のミッションを観客に伝えるために必要なのは、そのミッションをどれだけ観客の立場に立って再定義・再編集できるかである。1日か長くても2日程度しか滞在しない観客に対して、芸術祭という場がどんな場所で、何に気づき、思考を巡らせてもらいたいか、体感し、関心を持ってもらいたいかの意識を促すための「手がかり」を示すことが重要である。

3.【考察2】観客の受容と「内部状態（メモリーボックス）」の醸成

　では観客の目線に立って再定義・再編集したミッションは、その次にどのようにSNS発信に落とし込むことができるだろうか。デジタルマーケティングでは「エンゲージメント率」と呼ばれる、顧客と結びつきを測る従来型の指標があり、どれだけ共感をフォロワーから得られたかをその指標から把握する。SNSにおいては拡散する、しないにかかわらず、まず「共感」するかしないかが最初のステップである。この「共感」をデザインするために、「どんな情報に観客は関心を持ち、受け入れているのか」をエンゲージメント率の比較から分析してみよう。

［1］SNS上の「共感」「エンゲージメント」の意味

　坂田利康は、エンゲージメントはユーザーがポストを見た後の行動的反応の結果である（坂田 2016：8）としている。上東伸洋らの研究はネット上

の共感力に着目し、SNS交流度からネット共感力を経由し、現実共感力へつながる直接的な正の関係性、つまりネット上での共感力が高い人ほど現実共感力が高いこと（上東 2016：277-8）を明らかにした。

濱野智史は、ツイッターはユーザーがばらばらに（＝非同期的に）「独り言」をつぶやくツールでありながらも、一時的に／局所的に、あたかも同期的であるかのようなコミュニケーションの連鎖を生み出すが、その同期的コミュニケーションの連鎖は、強制的に／自動的になされず、あくまでユーザーの自発的な「選択」に委ねられている（濱野 2008：205-6）と指摘している。

これらの研究成果をまとめると、SNSにおける「エンゲージメント」は行動的反応という意味であり、現実での「共感」や「関わり」に接続するものの、少しニュアンスが違い、ライトな選択的「同期」の表われであることがわかる。すなわちSNSの情報拡散とは、観客が選択的に同期したものがさらにその先にいる観客のSNSフォロワーによって再び選択的同期される、という仕組みである。その結果「芸術祭には行けないが、次は行ってみたい」「芸術祭に行かないけど彼（彼女）の興味あることを支持する」など、実際に芸術祭を体験せずとも投稿者への共感や支持の意思表明をする可能性を含むことになる。ただし、これは来訪しなければマーケティングとして意味がない、ということではなく、例えば政治活動に実際に参加しなくとも、その内在的価値にメディアを通して触れることでサイレント・パトロン（支持者）が増える[8]ように、芸術祭の魅力やその内在的価値をSNSで伝え、それが共感・同期されることで、SNSアカウントのフォロワー数がサイレント・パトロンとしてポテンシャルを持つ可能性がある、といえる。

この状態はフォロワーにとっては、いわゆる「知覚の変数」における、「内部状態」として「経験に基づく反応フィルター」が鑑賞前後に開発・蓄積される、という意味になる。つまり「ライトな選択的同期」をおこなったフォロワーは「内部状態」がSNSによって開発・蓄積されるわけである。しかし実際には、「鑑賞する」という「刺激」および「外部環境」を体験しなければ「知覚」にはつながらないことはおわかりだろう。

では、「知覚」につながる「内部状態」の醸成をどうデザインすれば良いのだろうか？　考察2では、芸術祭のミッションがSNSのコミュニケーションにどのように翻訳・反映されていたかを検証し、芸術祭開催前から終了までエンゲージメントの推移の特徴を、各投稿のエンゲージメント率[9]の比較分析をおこないながら明らかにする。

［2］茨城県北芸術祭の概要

　本事例では2016年9月から11月まで開催された「茨城県北芸術祭」を取り上げる。茨城県北芸術祭は人口減少の進む県北地域の振興や経済活性化、交流人口の拡大を目的として「海か、山か、芸術か？」をテーマに2016年に開催された。以下が総括報告書に記された目的である。

1. 地域文化の振興と創造性の育成
2. 茨城県北地域のブランディングと交流人口の拡大
3. 地域の産業・経済の活性化

　2016年9月17日に開幕した芸術祭は、11月20日に閉幕を迎え、65日間にわたり5つのエリアの32会場にて22の国・地域の85組のアーティストから109作品が展示され、75万人以上の来場を記録した。経済波及効果は35億円、パブリシティ効果は42億円と試算された[10]。

［3］公式フェイスブック

　本芸術祭の公式フェイスブックのフォロワー数は4,751名、公式ツイッターのフォロワー数2,042名、公式インスタグラムは2,214名[11]であったが、中でもフェイスブックを取り上げる理由は以下である。

1. サンプル数としてフェイスブックのフォロワー数が最も多い。
2. 観客の情報の摂取段階や内部状態に影響を与えるには、画像などのイメージのみならず言葉も重要な情報要素である。主催者が日常的にフォロワーとの接点を持つ媒介物として投稿のテキストに着目した。
3. 140文字の制限があるツイッター、ビジュアルコミュニケーションがメインのインスタグラムと比較し、テキスト分析にはフェイスブックが最

も適当である。

　しかし最も大きな理由は、本芸術祭総合ディレクターである南條史生へのインタビュー調査 [12] の際に語られた SNS の投稿に関する言葉である。

　　SNS ユーザーはフォトジェニックなものにしか興味を示さない。本当は現場に連れていくためのコミュニケーションなのに。写真も必要だけど、物語である、ということは言葉が重要。SNS とかデジタルメディアというのは現物じゃないわけだ。画像も現物じゃない。(中略)写真が拡散するのは、体験そのものではない。(中略)ものの考え方を言語でつたえるのはインターネットは向いていると思う。

　この南條の物語を伝えるための言葉や、その言葉に対して誰かがリアクションをするというコミュニケーションに対する考え方、一方でツイッターはリアルタイムの情報の伝達、ニュース性に最大の特徴があること、そして地域型芸術祭側から第1フェーズのみならず第2フェーズの価値づけも含めた主催者からのミッションを含めた情報発信を検証するには、当時はフェイスブックが、最も言葉を尽くすことのできるメディアであったことからフェイスブックを取り上げることとした。

［4］コミュニケーションの運営体制

　2016年には「さいたまトリエンナーレ」「瀬戸内国際芸術祭」「あいちトリエンナーレ」「岡山芸術交流」など、2017年には、「いちはらアートＸミックス」「北アルプス国際芸術祭」「Reborn-Art Festival」「ヨコハマトリエンナーレ」「札幌国際芸術祭」「奥能登国際芸術祭」など数多くの芸術祭が開催されたが、「茨城県北芸術祭」は地域の知名度、観光資源の点において、他と比較して有利とはいえず、しかも新参かつ後発の芸術祭として誘客に力を入れなければならなかった。一般的には行政が主導する大型イベントにおいて広告代理店にコミュニケーションを一任するケース（正確には広告代理店に一任した訳ではないが、奥能登国際芸術祭は広告代理店出身のコミュニケーションディレクターに一任したので同様のモデルである）

はあったものの、オープン・コラボレーションを通じてウェブ制作、コンテンツ、コミュニケーションをデザインするクリエイティブ・エージェンシーのロフトワーク[13]がコミュニケーション・デザインを担当したことが、今までにないアプローチとして話題になった。茨城県北芸術祭のコミュニケーションディレクターに就任したロフトワーク代表取締役（当時）の林千晶はクリエイティブ業界では著名なオピニオンリーダーである。コミュニケーション分野のプロフェッショナルである林が率いるロフトワークによる芸術祭コミュニケーションの実践は、芸術祭に来訪する観客の特徴である、アートだけではない多様な社会的文脈を持つ人々を意識したコミュニケーションの考察に適した事例である。本芸術祭のコミュニケーション運営体制については、茨城県企画部県北振興副参事（2017年2月取材当時）である滝睦美にインタビュー調査[14]を実施した。

　実際の観客は県内8割、県外2割で他の芸術祭とは全く違う数字でした[15]。広報に関しては口コミが多かったという体感でしたが、客層として実際はシニア層が多かったです。しかし後半にSNSを使う若い県外の人たちも多く訪れたように思います。実行委員会が南條アソシエイツ[16]に運営を委託、ロフトワークはウェブ設計やブランディング、広報パブリシティはプロのスタッフが入っていました。いわゆるプロの対メディア広報をやりつつ、行政の持つ媒体を使いました。ソーシャルメディアのプログラミングはロフトワーク、投稿はやれる人、県やキュレーターなどがやりました。通常3年の準備期間を1年半でやったこともあり忙しかったので、やれる人がやっていく体制でした。またデジタル広告はかけませんでした。基本オーガニック[17]にフォロワーを増やしました。

このようにプロが枠組みを整えつつ、実行は芸術祭に関わる現場も含めて取り組んだ体制であったことがわかる。

［5］ミッションのコミュニケーション・デザイン

　本芸術祭のコミュニケーション戦略を明らかにするために、キーとなる

3名の芸術祭関係者である総合ディレクター南條史生（県北芸術祭のコンセプト及びコミュニケーションの役割）、コミュニケーションディレクター林千晶（コミュニケーションとコンテンツのデザインと実践）、茨城県企画部県北振興課副参事（当時）滝睦美（県の立場からのコミュニケーションの実際と評価）にインタビュー調査を実施した。

芸術祭総合ディレクター南條は公式サイトでのメッセージでは「茨城が、明治以後の日本の近代化を支えた地域であり、日本近代美術の発展とも深い関わりがあった地であること」に言及している。さらにブルガリアとフランス領モロッコ出身のアーティスト夫婦であるクリストとジャンヌ＝クロードの「アンブレラプロジェクト[18]」などの先進的なアートの発信地であり、つくば万博の開催地でもあった土地の固有性に触れ、「アートと科学技術の発展の拠点」としての「先進性」に注目した、と語っていた。そして「茨城県北の芸術祭は、海と山の自然、歴史と生活に彩られた町の中に『驚きと感動』を誘う最先端の芸術作品を招聘し、地域に根ざした『今ここ』でなければ生まれてこない独自の芸術祭を誕生させたい」としている。

林の立場からはアートの専門家、非専門家に関わらず多様な異なる価値と視点を外部から取り込んでいくオープンイノベーションの手法を「芸術祭の価値」の具体的な形の提示としてコミュニケーションに取り込んだ。

アートを知っている人から知らない人に一通りの解釈を伝えるのではなく、鑑賞者が創造的に価値を読み解く余白がかなりある。だけどその前提は何かというと、見る人への信頼である。そこにつきる。わからないんじゃないか、とかリテラシーが、とかそういうことでもなく、教えることでもない。そこに見た人が価値を創造できることがアートのもたらしうる価値である。だからこそいろんな地方で芸術祭がおこなわれているのは意味がある。もう行政やそこに住んでいる地域で作る人たちに価値は作れない。外部によって価値が創造され、その力によって可能性を生み出し、増幅されていく。オープンイノベーションの作り方である[19]。

一方、主催者である茨城県側の立場の滝の視線は、主に県内地域住

民に向けられており、地域振興にたずさわる職員としての期待感を以下のように述べた。

　（現代アートに相対する流れを扱っている）文化振興の部局ではなかったし、連携も特に深くしたわけではない。地域振興課の立場からするとアートに触れることでどのような意味を見出すのかにおいて、本来的な意味で地域のクリエイティビティを活性化することで生活が楽しくなる、産業が活発になる、ということで良いツール、若い人にとって、ここに住むのも悪くないな、と思ってもらえるだろう。

以上のコメントを整理すると、本芸術祭は「先進性」と、誰もがそれぞれ読み解いて良い「オープンな創造性」を地域住民や観客が価値を見出せるようにコミュニケーションしつつ（第1フェーズおよび第2フェーズ）、県北の文化振興、創造性の育成や経済活性化、交流人口の拡大（第3フェーズ）への結果が求められていた、といえよう。しかし第2フェーズまでの「先進性」「オープンな創造性」と第3フェーズのソーシャルな目的との間には乖離があり、ソーシャルな目的の具体的な咀嚼が必要である。この点に関連して、滝は次のように語っている。

　人口減少が著しい県北地域でいろんな政策をやっている中、地方創生のコンテクストで何か目玉で起爆剤となるもの、として企画しました。交流人口を拡大することが目的です。これを繰り返していくことで新しい産業が生まれ、定住してもらうことが長い目での目的です。
　（中略）クリストとジャンヌ＝クロードのアンブレラが約20年前に県北地域で展示があった関係でその空気感は残っていました。行政が仕掛けたわけではなく、県としての関わりはミニマムでしたが、地域の人たち、商工会議所のみなさんはよく覚えていました。
　（中略）商店街の売り上げは激増しました。また結局は登録のボランティアだけではなく、近所の皆さんを動員しなければならず、全然アートに興味ない人も巻き込まれました。しかし人がたくさん来ると、自分たちでスイッチが

入ったかのように自分たちでおもてなしや案内などを考えてくれました。アートを身近に感じてくれたようで、またやってくれ、と言われました。

　もともと地域活動している方々が面白がってくれてお手伝いしてくれて、自分たちで受け入れ体制を作り始めたりもしています。アートという材料が入って、さらに活発になっていますし、またシニアがたくさん集まってきていろいろと活躍してくれました。そういう場になったと思います。

　滝の発言で注目したいのは、交流人口の拡大が県北の振興や経済活性化より先にあり、芸術祭を繰り返すことで新しい産業や定住の可能性を目指していく、というロジックが明確であることと、交流人口の拡大を、アートを通して地元との関わりを増やして実現する、というイメージがあったことである。これらは地域の住民にとってのメリットとして十分に理解できるが、加えて観客の目線からもメリットや交流すべき理由が必要である。そうしたソーシャルな目的に関心を寄せるためのデザインや導線があったかどうかは彼女の発言からは読み取れない。この点に意識的でないと、ややもすると観客は県北地域に「アートを見に来た」だけになってしまい、アートと地域、観客の三者は同期できず、コミュニケーション・デザインが観客と芸術祭との関係づくりのみに終始してしまう可能性がある。

　交流人口の拡大へのコミュニケーションの導線は林と南條の発言から探ることができる。林は「会話を生み出す」ことを重要視し、そのための信頼感や楽しさを戦略的にデザインしたことがわかる。少々長いが発言を引用する。

　「子供の声がうるさい」と県に届いたのはクレームではなく、「子供が見て喜んでいる」と捉える。静かにシーンとして見るものではなく、作品を見て声があがり、会話になっていくことがコミュニケーションである。

　アートはありがたがるのではなく、感動を共有し、自分はどう思うか、家族と会話をする、視点の新しさを生む、それができる環境を作ることをあえて意図した。

　県とキュレーター、アーティストなど運営に関わった人たちの間で、クレー

ムを言い合う関係ではなく、強固な信頼関係を作ることを心がけた。良い部分を褒めあう、感謝しあう、クレームではなく、提案しあうことを一番意識した。メンバーの信頼関係があると、そこからつながるさまざまなことが寛容ともっと面白いことを考える余白、モチベーションを持ち、ボランティアに伝播していく。当たり前に思っていた景色が驚くほど変わっていくことでアーティストの力を信じる、どれだけ来た人が喜ぶのか、自主的に考える地域のボランティアの力を信じる、それを見る人の力も信じる。みんなが信じ合うこと、そういった喜びが観客にも伝わった芸術祭だったと思う。

　体験自体を、アートを見る、というだけではなく、家族で、親子で、カップルで、見に行くとどういった楽しみがあるか、移動や宿泊、温泉の気持ち良さを含めて、アートの専門家が考えるだけではなく、リアルな、それぞれの楽しみがあっていい、という視点はコミュニケーションに生かした。

　アートの本質的な力、問いを作る力はリフレーミング、全く違う視点から見て違う価値や問題が見える、ということでもあるが、芸術を愛している人だけではなく、イノベーションにはアート的な、社会に提起する力が必要である。(芸術祭は) 広義のアートを生活の中で体験できる面白い場である。薄まったり中途半端になるのではなく、そもそも射程がずっと広いものである。

　地域の人たちが芸術祭にさまざまな形で関わり、芸術祭コミュニティ内での強固な信頼関係を作り、観客も含めた芸術祭に関わるすべての人たちの「会話」を生み出すことによって、それぞれが自分なりの新しい、違う視点や楽しさを見つけ、体験することが創造性につながる、ということである。「交流人口の拡大」とは、現場では実は量的な拡大のことではなく、それによって生み出される創造性、言い換えれば地域の人たち同士、また訪れる観客同士や地域の人たちと観客との交流や会話の先にある化学反応のことを指していた、と言えるだろう。

　ここまでを整理すると、「先進性」と「オープンな創造性」(第1フェーズおよび第2フェーズ) をコミュニケーションとしてデザインしつつ、作品鑑賞を体験したのちに、地域の人々や観客同士で交わされる会話によって新たな見方を体験する、いわゆる個々の創造性が刺激を受けて拡がること

を目指す（第3フェーズ）ことが本芸術祭のコミュニケーション・デザインの戦略であることがわかってきた。

次にどのような方法でSNS発信にデザインしたか、南條は以下のように語った。

　　誰の名前で出すのか、どの程度個人的な意見を言うか、個人名なのかインスティチューションの名前なのか？　デリケートなところ。個人的な見解を入れないと魅力的じゃない、でないと情報ニュースと変わらない。見てくれるとしても伸びていくほどでもない。県北は割と個人的に出している。東京・県事務局からの発信やジェネラルの情報は無記名で。クリエイター個人の感想などは記名で出してた。

林も同様に、発信において個人を信頼し、誰もがそれぞれ読み解いて良い「オープンな創造性」を投稿行為に反映させていった。

　　（発信はスタッフが）自分のアカウントからもどんどんやってもらうようにした。タイミングなどもすべて各自の自己裁量に任せた。個人のアカウントで発信することで、例えば力のあるキュレートリアルアシスタントは地域でネットワークを持っているので、まわりも喜ぶ（喜んで読んでくれる）。オフィシャルサイトを見せることをゴールとしていない。ハッシュタグで#Kenpokuartをつけるというルールのみ。広まっていく、知ってもらう、価値を創造することが目的であれば、それが伝わるのであれば、公式サイトより個人のアカウントの方がインパクトがあったように思う。

芸術祭の公式アカウントのフォロワーは当然、芸術祭というインスティテューションと個人との関係性で固定されるのが通常である。そこに個人対個人の関係性をあえて持ち込み、さらに公式サイトやアカウントにこだわらず、#でつながるコミュニティ感を大切にした、ということである。

［6］SNS投稿の調査方法

　本芸術祭ミッションのコミュニケーション・デザイン戦略をここまで概観してきたが、次にその戦略が反映された公式アカウントの投稿に対するフォロワー（潜在的な芸術祭の観客）の反応を分析してみよう。

- 調査1：投稿者の署名あり投稿（本文中に実名を出す）と署名なし投稿のエンゲージメント率を比較。
- 調査2：作品やアーティスト、交流のきっかけとなるワークショップの案内など「アート関連情報」と、土地の魅力、歴史、環境、アート以外の楽しみ方など「場所・環境情報」に分類、エンゲージメント率を比較。

　調査2の分類については次のように定義した。「アート関連情報」は作品を読み解く情報として、各作品のコンセプトや制作過程、制作に参加できる機会の紹介などである。アーティストと協働するワークショップや作品に付随するパフォーマンス、イベントの告知も含めた。「場所・環境情報」はアートの拡張的体験として、楽しみ方を提案するものなどである。移動や宿泊、温泉、グルメ情報、おすすめスポット、カレーキャラバン[20]や県北地域という土地の固有性や記憶を取り上げるコンテンツも含んでいる。さらに「その他」は、作品制作やそのプロセス、コンセプトなどの紹介を含まないイベント告知や、台風など気候の影響による開催情報、芸術祭開催までのカウントダウン、メディア露出情報やボランティア向けの情報など、芸術祭の機能的な、上記類型以外のコンテンツである。

　各類型の代表的な投稿（署名あり）を表2に挙げた。SNSでは情報量が多すぎても読まれないため、どうしても必要な情報が長文となる場合には、本体は公式ウェブサイトに掲載し、リンク投稿[21]によってフォロワーを誘導することが通常である。よってSNSコンテンツ分析には公式サイトのコンテンツとの連動も考慮する必要がある。類型化の基準に準じ、公式サイトのコンテンツの類型化も同様に試みた。

　投稿の特徴として、タイトルが【#KENPOKUアーティスト制作進行中！】や【#KENPOKUスタッフのおすすめスポット〜編】のように、すでにあ

る程度の類型化がされており、上記の分類に当てはめると、イベント告知を「アート関連情報」か「その他」に分類するか（その場合はタイトル、日時、場所などの機能的情報のみの場合は「その他」に分類した）という点を除き、比較的容易に判断することができた。

[7] 調査1の分析と考察

各投稿に対するエンゲージメント率分析は2016年8月1日から12月31日の間に投稿された全243記事を対象とした（芸術祭期間は9月17日から11月20日まで）。ソーシャルメディア分析ツールquintly[22]を利用した全投稿の平均エンゲージメント率は2.67%であった[23]。

表3は、作品の制作や表現に対して言語化に長けているキュレートリアル・アシスタントや、芸術祭ボランティア、地域おこし協力隊といった立場の人たちが記名して投稿したものを「署名あり」とし、エンゲージメント率の違いをまとめたものである。

全投稿の34%が署名ありの投稿だったことから、フォロワーには署名記事を充分に認識できる量であっただろう。「署名あり」の記事の中では平均以上のエンゲージメントを得た割合が49%であったのに対し、「署名なし」の記事では32%と大きな差が確認できる。「署名なし」の記事には「その他」に該当する、そもそも高いエンゲージメントが期待できない機能的情報を扱った記事を含む。一方さまざまな立場の人による「署名あり」の記事は、いろいろな角度の見方や関わり方の可視化がされ、かつ個人対個人の関係をオンラインに持ち込むことで、比較的エンゲージメントを獲得しやすい、受容されやすいアプローチであったことが推察できる。

[8] 調査2の分析と考察

調査1と同様に全243投稿から2016年8月1日から閉幕直後の11月28日までの235投稿を「アート関連情報」「場所・環境情報」「その他」で類型化し、平均リアクション率（2.6%）をもとに、高反応（3.6%以上）、平均反応（さらに3.6〜2.6%と2.6〜1.6%で分類）、低反応（1.6%以下）で分類し、さらに調査1の署名あり・なしと調査2の類型化のクロス分析をお

表2 公式サイトコンテンツとフェイスブック投稿の類型と投稿例

類型	類型内容	投稿日時	投稿内容	公式ウェブサイトにおける該当コンテンツ
アート関連情報	作品のコンセプトや制作過程	08/25/2016 20:23:36	【#KENPOKU アーティスト制作進行中！】KENPOKU Art Hack Day において、Kanako Saitoの案に賛同した岩沢卓、増田拓哉、加藤誠洋の計4名が結成したユニット、加藤増田齋藤岩沢（KMSI）のみなさんが展示場所の日立市常陸多賀商店街で制作進行中です。日鉱記念館の展示資料からインスピレーションを得て、「山中友子」と呼ばれる当時の鉱山の互助制度の調査資料を元に、忘れられた歴史を描きます。この日は作品の映像を会場に投影し状態を確認されていました。KMSIのみなさんは常陸多賀商店街、花金ビル2階の元ウッディという洋食屋さんだった場所で展示されます。かつての木彫の風合いを活かした空間構成になるそうで、ここからの展開が楽しみです！キュレトリアルアシスタント・冠	クリエイティブコンセプトアーティストというアルゴリズム記事（アーティストと多彩な異分野からの識者による対談）アートハッカソンの記事や動画トークイベントレポート
場所・環境情報	場所・環境に関する情報	09/13/2016 00:31:59	【#KENPOKU スタッフのおすすめスポット#06日立編】#MeetsKENPOKU KENPOKU ART 2016スタッフのおすすめスポット #06はちょっと趣向を変えて「御岩神社」です。日立駅から車で10分の距離に有りながら、深閑とした山間に突然現れるその姿は、なにか荘厳な雰囲気です。古来より神々が棲む聖地として崇められてきた霊山であり、最近ではパワースポットとしても、知られているだけのことはあります。この神社の奥には、森山茜さんや岡村美紀さんのインスタレーション作品も展示されています。日頃の疲れた体に、パワーを注入しに来て下さい！（おすすめはなるべく朝早い時間！）県北芸術祭スタッフ 塚田	Kenpokuを知る3つの質問（様々な人たちの様々な「答え」から地域の姿と楽しみ方をあぶり出す）モデルコース体験関連コンテンツバスツアーの詳細内容
その他	メディア掲載情報	09/13/2016 20:48:52	【放送日決定 アーティスト制作進行中 #KENPOKU】NHKで制作中の様子が放送されます！9/16 11:40 〜「いばっちゃお」/18:10 〜「いば6」＊茨城県内にて9/20 11:05 〜「ひるまえほっと」＊一都六県にて上岡小学校で制作中の Compositのメンバーが取材されました。みなさま、ぜひご覧ください。大子町地域おこし協力隊 友常	最新ニュース来場情報（交通や営業時間など）山側、海側各地域の紹介応援事業紹介パスポートやチケットについて

表3　記事数の比較

類型	高反応 (3.6%以上)	平均以上 (3.6-2.6%)	平均以下 (2.6-1.6%)	低反応 (1.6%以下)	投稿数 トータル	割合
署名あり	17 (21%)	23 (28%)	30 (36%)	12 (15%)	82 (100%)	34%
署名なし	27 (17%)	24 (15%)	48 (31%)	57 (37%)	156 (100%)	66%
Total	44 (18%)	47 (20%)	78 (33%)	69 (29%)	238 (100%)	100%

表4　フェイスブック投稿の類型とエンゲージメント率

類型	高反応 (3.6%以上)	平均以上 (3.6〜2.6%)	平均以下 (2.6〜1.6%)	低反応 (1.6%以下)	投稿数 トータル	割合
アート関連 情報	16	31	40	12	99	42%
うち署名 あり	10/16 (62.5%)	17/31 (54.8%)	15/40 (37.5%)	1/12 (8.3%)	43/99 (43%)	
場所・ 環境情報	7	9	22	16	54	22%
うち署名 あり	4/7 (57.1%)	5/9 (55.5%)	15/22 (68.1%)	6/16 (37.5%)	30/54 (55%)	
その他	21	7	16	41	85	36%
うち署名 あり	3/21 (14.2%)	1/7 (14.2%)	0/16	5/41 (12.1%)	9/85 (10%)	

こない整理したのが表4である。まず「アート関連情報」と「場所・環境情報」が全体の投稿数の6割以上を占めている。特に注目するのは、林が発言した通り、アート以外の楽しみ方を提示した「場所・環境情報」が全体投稿量の22%を占めたことである。これはアート以外の視点を添えて、読む側にとっての投稿コンテンツに適度な変化をもたらしたのではないだろうか。逆に「その他」に分類した投稿も高反応な投稿が多数見られたが、これは例えば開幕までの期待感を煽る「あと4日で開幕」などの投稿であった。

　一方で「アート関連情報」に分類した99投稿のうち、高反応及び平均以上のエンゲージメント率の投稿は47を数えた（49%）。「場所・環境情報」の16投稿（30%）、「その他」28投稿（33%）を比較すると、高い割合を示している。また低反応の投稿は12投稿（12%）で少なかった。このことから「アート関連情報」はフォロワーの関心をより強く惹くコンテンツで

あったことが明らかである。これは芸術祭のメインのコンテンツが作品であることを鑑みても当然の結果であろう。またエンゲージメント率平均2.6%を超える高反応の多くの記事は芸術祭開幕前に投稿されていた。また「アート関連情報」の投稿の多くが【#KENPOKUアーティスト制作進行中】と題して丁寧に現場を追っていった記事か、作品の制作プロセスにおける協働を目的としたワークショップの案内など制作の舞台裏の様子を共有する内容であった。林の思惑通り、熱量のあるタイミングを見図らって画像や動画を添えて投稿し高反応を得ている。作品制作に関わる投稿が多いため、芸術祭開幕前の時期に高いエンゲージメント率の記事が投稿されていた。このような情報は第2フェーズの価値づけである「誰もがそれぞれ読み解いてよいオープンな創造性」の源泉を読み解くコンテンツにもなる。

　しかし同時に指摘したいのは、もう1つの価値づけのコンセプトの「先進性」を示すコンテンツ、例えばアートハッカソンの記事や対談といったコンテンツが公式ウェブサイトには多く存在していたにも関わらず、関連したSNSコンテンツや該当記事へのリンク投稿はほとんどなく、キュレートリアル・アシスタント側からもほとんどSNSでは語られていなかった。フォロワーにとってみれば、公式ウェブサイトや実際の芸術祭に来訪しない限り「先進性」の理解と体感は明確にできなかっただろう。ただしこれは正しいアプローチともいえるかもしれない。なぜなら林は「アートを知っている人から知らない人に一通りの解釈を伝えるのではない」とするように、公式ウェブサイトでは静的コンテンツとして、またアーカイヴとしてもそうした「先進性」を示すコンテンツの蓄えは必要であるが、動的コンテンツが中心となるSNSではあえて先進性の「解釈」を伝えることに要点を置かず、代わりに「先進性」の体感は作品を実際に目の当たりにすることに役割を任せたのではないか。SNSの性質として「共感」というライトな選択的同期の前提があるために、むやみに「先進性」を伝えるのではなく、むしろコミュニティ感の醸成を優先したと捉えることができる。つまり作品制作のプロセスや場所・楽しみに関する情報の多くを「署名あり」にすることで「誰もがそれぞれ読み解いてよい」姿勢を伝えることに注力したの

である。

[9]【考察2】まとめ ―ミッションを体現する運用術―

　従来の地域型芸術祭のコミュニケーションでは、作品と地域の魅力が語られてきた。それは「奥能登国際芸術祭」の福田が「珠洲が振り向かれる理由はなんなのか、知らせるのではなく、評判を広げる」ことを目的とした第1フェーズのコミュニケーションのように、地域活性化を目的として掲げている地域型芸術祭にとって「地域の魅力の発信」は必要不可欠であるからだ。しかし、地域の魅力を単に伝えるだけではなく、第2フェーズの価値づけのためのコミュニケーションをデザインしなければ、メッセージを受け取る側としては作品と地域の魅力は乖離したままである。奥能登国際芸術祭の事例では「残すべき地域の価値」を手掛かりに作品と地域の魅力をつなげてみせた。本事例では「誰もがそれぞれ読み解いて良いオープンな創造性」を手掛かりに、SNSで「署名あり」記事をライヴ感のあるタイミングで発信し、誰もが読み解いて良いオープンさを、意図的にあえて公式SNSで見せていった。それがエンゲージメント率の高さ、さらにはライトではあるが観客の受容につながっていた。このように地域型芸術祭のコミュニケーション・デザインは、それぞれの芸術祭固有のミッションを観客の視点で読み換え、再解釈し、公式サイトやSNSなどの媒介物のコンテンツのみならず、媒介物の性質に沿った運用方法にまでも目配りして翻訳しながら作品と地域をつないでいることを示唆している。こうしたデザインが観客のメモリーボックスである「内部状態」の醸成を促進することを示している。

4.【考察3】「外部環境」のデザイン

　3つ目の事例は「さいたまトリエンナーレ（2016）」（現・さいたま国際芸術祭）に出品された新作「Elemental Detection[24]」の鑑賞デザインを手がけた広報担当大久保玲子に取材をおこない、作品鑑賞の現場における観客の「個人の経験、知識、思考を生起する」環境を創るコミュニケー

ション・デザイン、中村の知覚の変数における「外部環境（コンテクスト）」のデザインについて考える。

［1］さいたまトリエンナーレの運営に関する経緯

　「さいたまトリエンナーレ」は、「文化芸術都市さいたま市」の創造に向けた象徴的・中核的な事業として、さいたま市として初めて取り組んだ国際芸術祭である。2016年9月24日（土）から12月11日（日）までの79日間にわたり開催した[25]。しかしながら2015年12月のさいたま市議会ではその事業計画や経済効果の検証、議会や市民の理解が十分に得られていないと紛糾し、予算執行にストップがかかったこともあり[26]、それまで広報を担っていた業者が急遽降りてしまった。さいたま市としては市民にいかに参加し鑑賞してもらうかに重きを置いていたが、それまでの広報業者が企画・実施していた2年間のコミュニケーション施策ではその部分が弱かったこともあり、その強化を狙い2016年6月に新たな広報業者と契約した[27]。そこで中核的な存在としてコミュニケーションディレクター業務を担当したのが、アートコミュニケーションを専門にフリーランスで活躍する大久保玲子である。大久保は、観客の鑑賞行動にあえて制限を設けることで「SNS映え」に対する問題意識を彼らに投げかけた。本項では大久保への個別インタビュー[28]と公式開催報告書に基づいて、外部環境のデザインの軸となる要素を考える。

［2］さいたまトリエンナーレの概要

　さいたまトリエンナーレは2014年3月に「さいたま市文化芸術都市創造計画」が策定された際に「（仮称）さいたまトリエンナーレ基本構想」が併せて策定されたことから始まった行政主導の都市型芸術祭である。ディレクターに「P3 art and environment[29]」統括ディレクターの芹沢高志を迎え、主催としてさいたまトリエンナーレ実行委員会が組織された。2016年の開催報告書によると、統括ディレクターが直轄し、展開するアートプロジェクト48事業を中心に、さらに関連事業のさいたま市実施事業48の市民プロジェクト、45の連携プロジェクト、その他54のプロジェクトが実施さ

れ、来場者数は36万1,127名（平成29年1月25日時点）であった。また開催目的は以下の3つであった。

　1.「さいたま文化」の創造・発信

　2. さいたま文化を支える「人材」の育成

　3. さいたま文化を活かした「まち」の活性化

ところが開催報告書には2および3に関する情報がほとんど掲載されていない[30]。本事例では開催報告書で言及のある開催目的1のミッションを中心に次のように整理した。

・第1フェーズ（情報を受信する・理解する・関心を持つ）

　さいたまに「世界に開かれた創造と交流の現場」がつくられることを発信する

・第2フェーズ（価値づける・関与の意思を持つ）

　市民がアーティストの優れた直観に触発され、自分たちの未来を「発見」する

・第3フェーズ（自律的に行動する）

　創造的市民活動が芽生え、持続的に展開する

本事例では第2フェーズの「市民がアーティストの優れた直感に触発される」という部分に着目する。価値づけにつながる「触発される」鑑賞の場をつくるコミュニケーション・デザインとはどのようなものだろうか。

［3］鑑賞の場のデザイン

　大久保が「さいたまトリエンナーレ」でのコミュニケーション業務の中で自身が企画し、実施まで手がけたデジタル・プロモーション企画である「《Elemental Detection》スペシャル・フォトシューティング」の取り組みを詳述する。

　作品鑑賞上の重要なコンセプトを含むため、一切の撮影を禁止していた、現代アートチーム目［mé］の作品《Elemental Detection》を会場に、12月1日より無料貸与された"フィルム"カメラでのみ撮影できる「《Elemental Detection》スペシャル・フォトシューティング」を企画し、他にもさまざまな作品が設置されていた「旧民俗文化センター」への誘客を

図った。参加者が撮影したネガフィルムはデータ化し、Tumblr「みんなのさいたまトリエンナーレ」にアップした[31]。

　大久保は「今はなんでもすぐに携帯で撮影してインスタにあげるが、作品を観ているようで本当に観ていない、という現象が芸術祭で多々起こっている。それが気になっていて、本当に観る、ということをもう一回喚起させるには何をしたらいいかを考えた」と語った。そしてスマートフォン等のカメラ機能を使って作品の写真を撮影するという日常的な行為を念頭に、それを「禁止」していた作品の鑑賞行為として逆に撮影を解禁したのである。それはただアーティストの意思に逆行するのでなく、「撮影」する行為にあえて別の制限を設けている。観客はアーティストの表現を自分なりに捉えて切り取る、というプロセスが伴った「観る」行為を、いまや「見る」と同義となってしまっている「スマホ撮影」に重ね経験することとなる。その制限とは何か、大久保は以下のように語った。

　　富士フイルムの「写ルンです」を参加者に貸与して3枚まで撮っていい、としました。「写ルンです」はファインダーを覗いて、自分がこう撮りたい、と思ったものを想像して撮るしかない。携帯のカメラだと、うまくいったかいかないかが瞬時にわかるし、いくらでも何枚も撮れる。モノをきちんと見ないで撮ってしまう、それを阻止するためのシステムとして「写ルンです」を使いました。3枚しかないから、どこをどう撮ろうかと考える。それが「観る」ことにつながる、と考えました。

　この期間に鑑賞し、参加した観客は、その日その場で自分が撮影した写真をすぐさま見ることはできず、後日、自分が撮影した写真を芸術祭公式Tumblr（タンブラー）でデータ化されたものを初めて見ることになった。ソーシャルメディアのタンブラーに掲載することで、企画に参加した観客がこの作品に対してどう思考し、何を認識して、意味を捉えたのかが表現された写真を、企画参加したほかの観客、作品を鑑賞することが叶わなかった観客、芸術祭自体に参加できなかったフォロワー間でも共有することとなる。

参加した観客は自分が観て自分が撮った、という意識が芽生え、[mé]の作品の性質に合った広報プロモーションができたと思ったし、これらの写真は個人の思い出としてもみることができて、さらに（芸術祭の）総体としてもみることができる。

と施策の狙いを大久保は語った。撮影した写真はすべて現像し、データ化した上で事務局が撮影者の許可を取り、公式タンブラーサイトに掲載した。また現像した写真は主催者から撮影者へ郵送するなど、主催者側が膨大な手間をかけて丁寧におこなった試みである。

　コミュニケーション・プロセスの第2フェーズである「市民がアーティストの優れた直観に触発される経験」が本施策でデザインできたかどうかを問うと、以下のように答えた。

　今回の新しい施策が果たして市民の側でアートに触れた、という実感があったかどうかはインタビューしていないので分かりませんが、みなさんとのコミュニケーションのやりとりのところで「写真を送って欲しいです」とか、「面白かった」「こんな機会はないので、一生の大切な思い出にします」など、そうしたコメントが残されたものを読む限りは、「作品を観た」、という実感はお持ちなんだろうなあ、ということは感じられた。「見ることを観る」、自分が何を見ているのか客観的に感じるのは難しい。けれど「見ることを観る」ってどういうことか、それは少し感じていただいた形跡はある。わずか11日間だったが、これからいろんな枠組みで「観る」ことを全体的に仕組んでいけたら、もっといろんなことができる、みなさんに実感してもらえるのではないか、と希望的に思った。今回の収穫はそこです。

[4]【考察3】まとめ ―コンテクストのコントロール―

　大久保による施策は、観客側がスマホのカメラで撮影する、という記録を残すための「見る」行為を、撮影機材と枚数の制限を設けることで、そこに観客が「切り取る」ための思考の余白を生み出し、アーティストの表現に向き合い、自分なりの意味づけを写真に託して撮影するという「観

る」行為に転化させた。この鑑賞の場における体験を「経験価値」と捉え、その観点から分析する。

　経験価値とはアメリカのマーケティング学者シュミット（Schmitt）によって提唱された概念である。製品をこれまでの物質的・金銭的な価値ではなく、利用体験によって得られる感動・満足感など、心理的・感覚的な価値によって説明を試みたものである。例えば同じコーヒーでもコンビニ、スターバックス、高級ホテルそれぞれで、消費者が注文してから、消費に至るまでの経験の質、高度化によって価値が上がる。このように消費者が認知する価値は、経験によって形成されるとした。シュミットは経験価値の内的要素を5つの価値に分類したのだが、マーケティング研究の視点から分類されたもので、心理学や工学の視点から疑問や批判的な点があるとして、心理学者の荷方邦夫は、ノーマン（Norman）による人工物のデザインの評価という観点から、美観や欲求のような本能レベルのデザイン、機能や使いやすさといった行動レベルやユーザビリティのデザイン、人間の経験に基づいた思考や理解、思考の結果生じた感情などの内省的デザインを取り上げ説明、分析している（荷方 2011：105-6）。荷方が実施した「自らが所有する、気に入ったモノへの愛着の理由」に関する調査の結果が「審美性、機能と価格、およびエピソードに分類することができた[32]」ことは、シュミットが提唱する5つの価値[33]に対応するというよりむしろ、ノーマンが提唱する本能的・行動的・内省的次元に適応性が高く、経験価値の多くの部分は内省的、あるいはエピソーディックな次元の内容を含んでいるのではないか[34]、と指摘した。荷方の指摘と解釈によると、経験価値は最終的には「認知的価値」に収斂される。

　つまりこれらの議論から「経験価値」は、認知的な価値だからこそ審美性のみならず、特に内省レベルの検討が必要であることがわかる。すなわち作品そのものの「美しさ」だけではなく、加えてアーティスト、作品、芸術祭など関連の情報が個人の経験や知識、思考を生起するエピソードのような形で提供され、情報が処理されることによって「価値」として認知されるのである。

　本事例はこの経験価値の分析枠組みを使って説明することができる。

大久保は芸術の審美性だけに頼らず、審美性以外の要素、ここでは撮影の制限を加えることによる個人の新たな経験と思考の機会を提供し、また制限自体がエピソード性を伴った「経験価値」として出力される環境を創った。つまり芸術の意味を構築する過程において、これまですぐにスマホで撮影し、よく撮れたかどうか確認する、という短いプロセスに対して、制限を伴った撮影行為を通して観客がじっくりと作品を観る環境を創ったことによって、作品の意味を認知するための時間と思考の余白をはからずもデザインしたといえよう。観る「前提」となる芸術史などの知識や鑑賞経験が少ない観客の場合は、ルールの伴った特定の鑑賞方法が求められる環境を創ることで、前提となる文化的経験がなくとも、その中で自由に自分の見方や洞察力、想像力を試し、新しい知覚を体験することができる。そうした自分固有の芸術の価値づけと意味を構築するプロセスを、制限された撮影行為によって創造した、という事例である。従来、美術はホワイトキューブ、音楽はコンサートホールで鑑賞されてきたのも、こうした空間が鑑賞者の知覚がコンテンツ（刺激）以外の要素に影響されないよう工夫された、と中村が指摘しているが、実は大久保の施策も同様に、こうした「鑑賞の場」のコンテクスト（外部環境）を「制限」というコントロールで、コンテンツ（刺激）の要素に集中する環境を創った、とも言えよう。

5. 価値づけのデザイン

　本章では芸術祭のミッション、観客の受容、鑑賞の場それぞれにおいて第2フェーズの〈価値づけ・関与の意思を持つ〉をどのようにデザインが可能かを考察した。「知覚の変数」に当てはめると、ミッションとSNSのライトな選択的同期は主に観客の内部状態に影響を及ぼし、鑑賞の場は外部環境のデザインに該当することとなる。その考察を整理すると以下となる。
・考察1：芸術祭のミッションをどれだけ観客の立場から再定義・再編集できるか、その再定義・再編集されたミッションを作品と地域をつなぐ

コネクター（橋渡し）としてコミュニケーション・デザインに運用する。

- 考察2：作品と地域をつなぐコネクターを、SNSなどの媒介物のコンテンツづくりに活かす。例えば具体的な投稿記事作成や運用方法にも翻訳し、観客の選択的同期による受容と観客のメモリーボックスである「内部状態」の蓄積につなげる。
- 考察3：鑑賞の場の文脈（コンテクスト）をコントロールすることで観客が作品と対峙する時間と思考の余白を創り出す。その経験そのものに作品の刺激が伴って価値づけにつながる。

　ここまでにコミュニケーション・デザイン戦略の枠組みとして「ミッションの再定義」「SNSのライトな選択的同期」「対峙する時間と思考の余白」の3つのポイントを明らかにした。

　考察1と2で共通して柱となる存在は「地域」と「人」である。例えば「奥能登国際芸術祭」のコネクターは「残すべき地域の価値」だが、それを伝えるのはアーティストの作品のみならず地域の人たちの言葉でもある。「茨城県北芸術祭」のコネクターは、地域の人たちを含めたさまざまなかたちで芸術祭に関わる人たちである。各芸術祭のコミュニケーション戦略によってコネクターは違うが、観客の目線に適したコミュニケーション・デザインによって媒介物に落とし込み、観客と接続し、考え、理解することのできる時間や思考の余白を作ることで、〈価値づけ〉の誘発につながる可能性を本章では明らかにした。

註：

1) 奥能登国際芸術祭2017総括報告書。
   https://archive2017.oku-noto.jp/uploads/okunoto2017_report.pdf （2024年11月30日アクセス）
2) 奥能登国際芸術祭2017公式ウェブサイトより。
   https://archive2017.oku-noto.jp/ （2024年11月30日アクセス）
3) 奥能登国際芸術祭2017総括報告書より。
4) 奥能登国際芸術祭公式ウェブサイト。（2024年11月30日アクセス）
5) 奥能登国際芸術祭公式ウェブサイト。

https://archive2017.oku-noto.jp/oku-note/suzu-streetsnap/takojima.html（2024年11月30日アクセス）

6) 奥能登国際芸術祭公式ウェブサイト。
https://archive2017.oku-noto.jp/oku-note/pickup-warunaiwa/03-matsurinohino-kodomotachi.html（2024年11月30日アクセス）

7) 奥能登国際芸術祭公式ウェブサイト。
https://archive2017.oku-noto.jp/（2024年11月30日アクセス）

8) 吉本光宏によると、公立文化施設や芸術文化の新しい支持層「サイレント・パトロン」の定義として以下を挙げている。「アウトリーチを展開することで、公立文化施設の存在や活動が、それまで関心のなかった市民にまで広く知られ、教育や福祉の現場でも意味のある芸術活動を行っている、という認識が広がることである。その結果、自分では劇場やホール、美術館に足を運ばなくても、公立文化施設の存在や活動を支持する市民層、いわば『サイレント・パトロン』が形成される」（吉本 2008:55-6）。

9) フェイスブックにおけるエンゲージメント率の定義は、投稿がリーチし、投稿に関していいね！・コメント・シェアまたはクリックした人数である。よってエンゲージメント率は以下となる。
（投稿にいいね！・コメント・シェアまたはクリックをした人数）÷投稿のリーチ数

10) 茨城県北芸術祭総括報告書より筆者整理。
https://www.pref.ibaraki.jp/soshiki/kikaku/kenpokusinkou/documents/2016_soukatsuhoukokusho.pdf（2024年11月30日アクセス）

11) 2018年11月7日アクセス、2024年11月30日現在アクセス不可。

12) 2017年1月18日 JR上野駅構内カフェにて半構造化インタビューを実施。以下南條の発言は全て本取材で語られた言葉からの引用。

13) 株式会社ロフトワークは2000年に設立されたクリエイティブエージェンシー。社員数102名 https://loftwork.com/jp/company（2018年7月8日アクセス、2024年11月30日アクセス時点で社員数142名）。オープンコラボレーションを通じて、主に Web、コンテンツ、コミュニケーション、空間をデザインするほか、グローバルに展開するものづくりカフェ Fab Café、素材と向き合うクリエイティブラウンジ MTRL、2.5万人のクリエイターが登録するオンラインコミュニティのロフトワーク・ドット・コムなど、世界のクリエーターコミュニティと共創することで幅広いクリエイティブサービスを提供している。当時代表取締役の林千晶はクリエイターとのマスコラボレーションの基盤として、いち早くプロジェクトマネジメント（PMBOK）の知識体系を日本のクリエイティブ業界に導入。米国 NPO クリエイティブ・コモンズ文化担当、MIT メディアラボ所長補佐も務めた。日経 WOMAN ウーマン・オブ・ザ・イヤー 2017 を受賞。

14) 2017年2月3日六本木ヒルズ内カフェにて半構造化インタビューを実施。以下滝の発言は全て本取材中に語られた言葉からの引用。

15) 大地の芸術祭／越後妻有アートトリエンナーレ2015総括報告書によると、県内からの来訪者は29.9%であった（2024年11月24日確認）。また瀬戸内国際芸術祭2016総括報告書では香川・岡山県からの来場者が40.7%、両県外からが45.9%、外国からが13.4%であった（2024年11月30日確認）など県外からの来訪が通常は多い。

16) エヌ・アンド・エー株式会社（ナンジョウアンドアソシエイツ）はキュレーター、美術評論家の南條史生によって1990年に設立された。芸術文化施設の企画・運営・マネジメント、展覧会・芸術祭の企画やコーディネーションなど、美術分野を主としたさまざまな事業を、学術的観点を基礎におこなっている。
http://www.nanjo.com/より（2024年11月30日アクセス）

17) 投稿記事をフェイスブック広告として出稿せずに、あくまでフェイスブックフォロワーによる情報拡散によってリーチ（投稿記事受信者数）を広げること。

18) 景観を変貌させる大規模なプロジェクトで世界的に有名なニューヨーク在住のアーティスト、クリストとジャンヌ＝クロード（Christo、1935年生まれ／Jeanne-Claude、1935年生まれ 2009年没）が、1991年秋に米カリフォルニア州南部と茨城県北部で実施したプロジェクト。カリフォルニアの丘陵地帯に1,760本の黄色の傘を、茨城県の水田地帯に1,340本の青色の傘を同時に配置させた。1本の傘の大きさは高さ6メートル、直径約8.7メートルという巨大なもの。18日間の会期中に日本で50万人、アメリカで200万人が鑑賞した。
水戸芸術館ウェブサイト https://www.arttowermito.or.jp/gallery/lineup/article_453.html（2024年11月30日アクセス）

19) 2017年1月26日渋谷ロフトワーク本社にて半構造化インタビューを実施。以下、林の発言は全て本取材で語られた言葉からの引用。

20) カレーキャラバンは、全国のまちへ出かけ、その場所で調達した食材と、居合わせた人びとの知恵をまぜあわせ、カレーをつくる「出没型食プログラム」。まちなかでカレーをつくり、まちの人びとや、たまたまおとずれた人びとと一緒にカレーを食べ、その日その場かぎりの時間を味わう。KENPOKUでは、6市町を巡り、一緒にカレーを食べながら、まちを知り、人びととの紐帯について考えるプログラムとして実施した。
茨城県北芸術祭公式ホームページ
https://kenpoku-art.jp/event/3039/（2018年7月8日アクセス、2024年11月30日現在アクセス不可）

21) リンク投稿とはブログ記事など外部サイトのURLを貼り付けて、その外部と連動させた投稿のこと。

22) Quintlyは2014年に創立されたアメリカに本拠地に置くIT企業。SNS分析ツールを提供し、フェイスブックはページ管理者がアクセスできるデータよりさらに詳しい分析事項を提供し、競合ページとのパフォーマンス比較検討も可能なサービスを提供している。

23) 計算方式は以下の通りである。

$$\frac{\#Reactions + \#Comments + \#Shares}{\#ownPosts} * \frac{100\%}{\#Avg.\ Fans}$$

24) 廃墟となった旧民族文化センターの敷地内にガラスのような素材で架空の池を創り出し、訪れた者を異空間へと誘い込む作品。本作品作家のひとりである荒神明香はインタビューで次のようにコメントしている。「鏡には空が映り込んで池に見えるので、トンボも間違えて卵を産みにくるほどでした」「靴を脱ぎ、ズボンの裾をめくって池の上を対岸まで歩いたお婆さんからは、『生きているうちにこんな体験ができてよかった』と涙を浮かべて声をかけていただきました」。
政府広報オンライン2017年4月記事。
https://www.gov-online.go.jp/eng/publicity/book/hlj/html/201704/201704_11_jp.html（2024年11月30日アクセス）

25) さいたまトリエンナーレ2016開催報告書, p.1より。

26) さいたま市議会議員提出議案第14号（平成27年12月18日提出）によると「市執行部においては、改めて、当該事業の目的を明確化し、その目的の達成に至る事業計画、経済波及効果などを適切な手法により検証・把握するとともに、事前に議会や市民に対して適宜説明を行い、十分な理解と協力が得られるよう専心していくことを強く求める。」と記されている。
https://www.city.saitama.jp/gikai/003/001/003/p045238_d/fil/gitei14.pdf〈2024年11月30日アクセス〉

27) 大久保への取材による。

28) 2018年3月19日に池袋にてフリートークの形式、録音を了解のもと実施した。

29) 都市・地域計画家である芹沢高志が、東京・四谷の禅寺、東長寺の開創四百周年記念事業に招かれ、新伽藍建築計画に関与したところから始まったプロジェクト。現在は場所を限定しないさまざまな形態のプロジェクトを展開している。P3 art and environment 公式サイト。https://p3.org/about/（2024年11月30日アクセス）

30) ディレクターの芹沢は開催報告書のメッセージの中で「さいたまトリエンナーレ2016が目指すのは、2016年のさいたま市に、世界に開かれた創造と交流の現場をつくりだすことにほかなりません。（中略）今回のトリエンナーレでは、トリエンナーレ終了後も続くような創造的市民活動の芽をいかに多くつくりだすか、そしてその活動が持続的に展開できるような社会的な枠組みをいかにつくりだすか、そうした目には見えにくい地道な取り組みにも力を注いでいきたいと考えています」と述べ、「ここに生まれる交流と創造の現場において、市民一人ひとりがアーティストの優れた直観に触発されて、自分たちの生きていくこれからの未来を、それぞれに「発見」していくことになるのです」（さいたまトリエンナーレ2016開催報告書 p.3）と結び、芸術祭のテーマを「未来の発見！」に設定した理由を説明している。開催目的と照らし合わせると、芹沢のメッセージには目的（1）に関連する言及はされているものの、「さいたま文化」の具体的な説明はなく、また（2）や（3）に関しても特に言及していない。また開催報告書においては芹沢が掲げていた「トリエンナーレ終了後も続くような創造的市民活動の芽をいかに多くつくりだすか」という点から、サポーターの構成や活動実績の項目があり、自主的および継続的な活動に関しての言及はされているが、やはり（2）および（3）に関してはほとんど言及がなく、代わりにアンケート調査を基にした開催効果調査分析や経済効果の報告に紙幅が割かれている。

31) さいたまトリエンナーレ2016開催報告書 p.49。https://saitamatriennale.tumblr.com/tagged/elementaldetection（2024年11月30日アクセス）

32) 調査参加者の言及した愛着の理由や価値の評価を分類した結果、美しさ・色など審美性に関するカテゴリ、使いやすさなど機能に関するカテゴリ、価格に関するカテゴリ、購入時のエピソードに関するカテゴリ、その他の言及に関するエピソードのカテゴリの5つに大きく分けられると判断された。特に審美性や機能に関するカテゴリとは他に、エピソーディックなカテゴリに関する言及は多く、全体の半数からそれ以上の数が見られた（荷方 2010）。

33) シュミットは経験価値の内的要素として感覚的価値（sense）、情緒的価値（feel）、認知的価値（think）、行動・ライフスタイル上の価値（act）、準拠集団・文化的価値（relate）を挙げた。

34) 荷方（2011）はシュミットの感覚的価値（sense）、情緒的価値（feel）、認知的価値（think）、行動・ライフスタイル上の価値（act）、準拠集団・文化的価値（relate）について、例えば心理学において感覚（sense）と情緒（feel）は共に連続した認知処理であり、ライフスタイルや文化に対する認識も、知識や思考過程によって産出される高次認知過程であるからシュミットの言う認知的価値（think）の延長線上にある、と指摘している。

第 3 章

「受容」と「表現」を促す
コミュニケーション・デザイン戦略

1. 芸術祭における受容と表現

　ここまで「価値づけ」を促進する環境を創る「デザインされた媒介物」について述べてきた。3つの事例を通して、芸術祭のミッションの再定義・再編集、そしてSNSコミュニケーションへの適用と鑑賞の場のデザインに着目して、3段階のコミュニケーションフェーズモデルの第2フェーズ〈アートの体験の価値化〉のデザインを考えてきた。

　一方、その社会化、すなわち観客の表現として社会に向けて発信されるのは、投稿 (User Generated Contents=UGC) である。ここは「創発性の管理」が及ばない範疇であることは第1章で論じたとおりである。

　地域型芸術祭には観光、福祉、教育などの異分野、地域活性化や社会包摂、多様性などの社会的課題の関心から興味を持つ観客や地域のコミュニティの人たちが参加する。彼らは必ずしもアートに馴染みがある、アート経験を重ねた人たちばかりとは限らない。そうした異分野や社会課題をきっかけに関わる人たちは、芸術祭を体験してどのような受容や表現をおこなっているのだろうか。

2. コミュニケーション・デザイン戦略の枠組み

　筆者はかつてアートへの興味を入り口に芸術祭に参加した人たち（アート文脈）と非アート要素（例えば地域再生やコミュニティ、ボランティアや観光など）がきっかけ（非アート文脈）で同じ芸術祭に参加した人たちが交差したオフラインの場を取り上げ、そうした場の生成と存在、相互関係の様相と私的ネットワークへの発信が示唆する意味を、「Reborn-Art Festival（2017）[1]（以後RAFと記す）」の観客を対象にした半構造化インタビュー調査によって明らかにすることを試みた（佐野 2018）。20代から50代の、デジタルリテラシーやRAF参加動機がさまざまな男女6名が、RAFボランティア「こじか隊」参加を通して、ある30代女性Hと知り合い、彼女の企画したワークショップ＆トークイベントまたはその関連展示に参加した「芸術祭縁」の人たちである。彼らに対して芸術祭参加前・後の感情変化、アートへの関与、SNSの使用変化について個別対面調査をおこなった。その結果リアルとSNSそれぞれにおいて、異なる文脈が交差する「場」の存在によって、相互の文脈の関与が生まれ、そこでの情報交換によって自己が他方の文脈に関連することが見出された。特に互いの文脈の「関わり」や「結びつき」の基盤を作るには、媒介中心性[2]の高い「コネクター（橋渡し）」的な人の存在が必要であること、そして芸術祭主催者とは関係なく、図らずも自主的にそのような存在が生まれることが浮かび上がった。さらに非アート文脈の人たちが作品を「価値づける、意味を構築する」ためには、自己表現したい、体験を共有したい、という欲求・便益に対して、探索コスト（情報収集や代案探索などのこと。特に非アート文脈の人にとっては、初めてのアートの体験の言語化、投稿は大きな障壁、つまりコストになる）削減を提示することで、アートに関する発信への躊躇を取り除き、彼らがアートの口コミ行動の「クリエイター」となって図らずも表現と発信をおこなう可能性を垣間見ることができた。たとえば探索コスト削減として、アートに見出した価値を、非アート文脈の人たちが無理なく伝えるツールとして「#（ハッシュタグ）」の可能性に着目した。こうした観客の創発性と主体性の誘発することが、SNS上で「バズる」（口コミによっ

て爆発的に話題が拡散されていくこと）だけでない、地域型芸術祭をマーケティングする本来の役割と意味ではないかと考えた。

　筆者のこの研究と、第2章で明らかになった考察の結果（芸術祭のミッションの再定義・再編集、そしてSNSコミュニケーションへの適用と、鑑賞の場のデザイン）を併せて、芸術祭の「コミュニケーション・デザイン戦略」の枠組みとして実践による検証を進めたい。

　リソースが限られる中小規模の地域型芸術祭において、果たしてこの「コミュニケーション・デザイン戦略」は運用可能だろうか。この枠組みによって芸術祭のミッションを観客は受容し、「価値」「意味」として捉えることが果たしてできるのだろうか。本章では「UNMANNED無人駅の芸術祭〈大井川〉」を実践の場とし、より具体的に現場に沿ったマーケティング施策を分析・検証していく。

3. 中小規模の地域型芸術祭での実践と検証

[1] UNMANNED無人駅の芸術祭〈大井川〉の概要

　UNMANNED無人駅の芸術祭〈大井川〉は、大井川鐵道無人駅周辺（静岡県島田市・川根本町）を舞台として、地域で忘れられた「無人駅」を舞台に繰り広げる芸術祭である（以後「無人駅の芸術祭」と表記する）。2017年度から毎年開催されており、2020年で3年目を迎え、3月6日（金）〜22日（日）の17日間開催して、4,275名が訪れた[3]。また12名のアーティスト（＋学生団体1組）が本芸術祭に参加した[4]。大井川鐵道株式会社は1925年に創立された歴史ある鉄道であり、かつて森林輸送鉄道だった大井川本線は、現在は観光鉄道である。通常の列車以外に有名なSL（蒸気機関車）や「きかんしゃトーマス」が走っている。大井川本線には合計20駅あり、うち15駅が無人駅である。無人駅に1駅あたりに電車が来る回数は1日概ね10本未満である。一方で、観光客が多く集まるSLや「きかんしゃトーマス」の停車駅は4駅のみであり、多くの観光客は素通りしてしまうのが無人駅の特徴である。普段の観光では決して知られることのない無人駅という場所を、地域内外の人に発見して体験してもら

う。これまで地域づくりをおこなってきた「NPO法人クロスメディアしまだ」が、地域づくりの一環として「地域の方が、地域の見たことないところを見てほしい」という想いから芸術祭の企画・開催に乗り出したことが活動の経緯である。

この芸術祭は規模の点で典型的な中小規模の地域型芸術祭である。事業費は1,000万円未満であり、訪問者数も3,000〜4,000人前後の中小規模の芸術祭と分類できる。

そのミッションは当時対外的に明文化されていた訳ではないが、プレスリリース（2020年3月4日発信）の「開催者からのメッセージ」からその一端を読み取ることができる。「無人駅を入口として広がる集落には、昔からの暮らし、生活文化が今も息づき、畑仕事や隣近所の集まりを大切に豊かでいきいき暮らす人々が確かに存在する。私たちが無くしかけてしまった地域の『記憶』『風景』『営み』がある。現代社会が置き忘れた姿がある。無人駅をアートで開くことが、地域が開くことにつながる。」このメッセージから読み取れるのは、無人駅というフィールドを今の地方の置かれた状況そのものに見立てながら、その先にある「地域の暮らし」へまなざしを向ける。芸術祭に関わる人たちの地域への気づきと交流を生み出す「地域づくり」を目的としている。

芸術祭の共催である静岡県文化プログラムが委託した事業評価報告書によれば、主催者を含めたコアスタッフとのグループディスカッションを経て、セオリー・オブ・チェンジ[5]の整理をおこなったところ、以下が導き出された。

地元の人たちが地域の魅力に気づき、価値を再認識して誇りを取り戻すこと、それが芸術祭を通して外の人に波及する。地域で意識が変わった人たちが芸術祭などでおもてなしの心を発揮して観光案内人になる。その変化のトリガー・媒介役となるのが、地域で感じたことを表現できるアーティストであり、彼らの作品である（2020事業実績報告書：17）。

本芸術祭の実施運営は主催の「NPO法人クロスメディアしまだ」に加

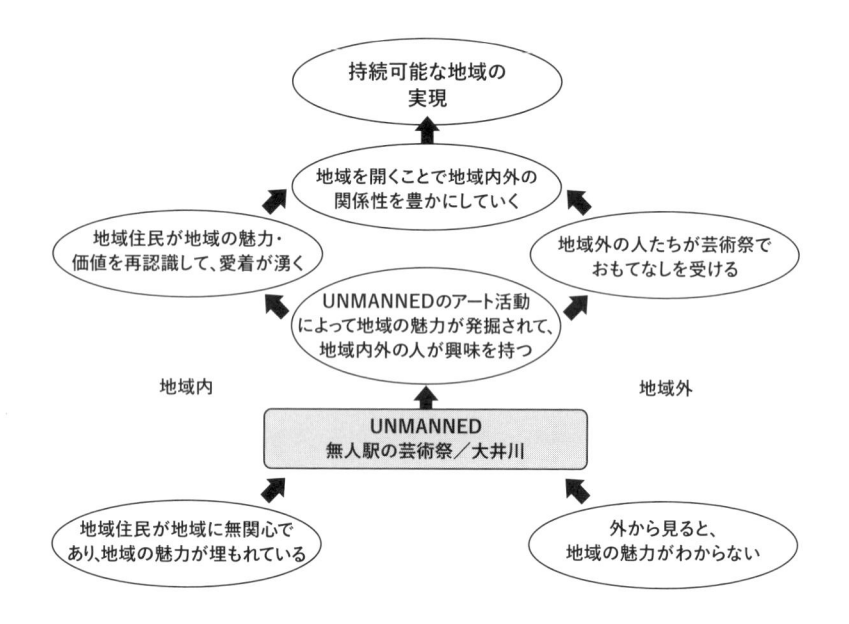

図4 「無人駅の芸術祭」のセオリー・オブ・チェンジ
UNMANNED無人駅の芸術祭／大井川2020事業評価報告書、
一般財団法人CSOネットワーク、p.17より引用、筆者作成

えて、地域のコアスタッフ（県内のNPO関係者が中心）、地域住民、参加アーティストらによってこれまで展開されてきた。主催側はNPOのリソース面や広報面の限界を感じて、3年目の2019年度はより持続可能な運営体制の構築を志向して、大井川鐵道、島田市、川根本町、町内会、自治会など地域のステークホルダーに関わってもらうために「推進会議」形式をとって進めた。また本芸術祭では地域住民の積極的な関わりが見られ、アーティストを支え、来場者を案内するサポーターには、サポーター制度「あんまん部（＊UNMANNEDから由来）」と、地域住民（"妖精たち"、とアーティストたちから呼ばれている）によるサポートがある。主催者の2019年度の実績報告書によれば、アーティストの滞在をはじめ作品制作へのサポートはもちろん、会期における経路やアクセス案内や、作品の説明、自然発生的におこなわれた来訪者へのおもてなしなど、複数年の取り組みを通じて主体的に芸術祭に関わる姿勢が生まれている。特に集

落の人たちは、アーティストにとって地域の歴史や風土の先生であり、作品を制作する際は強力な支援者であり、時に作品の一部となっていったことはアーティストとの信頼関係の賜物である、と報告書は指摘している。滞在作家との交流やコミュニケーションは年々活発化し、来訪者への給茶などの接待役や案内役も自主的に買って出ている。その存在は「この芸術祭の主役は集落の方々だ」と主催者が認識するほどである。

　2020年3月開催時、新型コロナウイルス感染拡大の影響があったものの、芸術祭自体の開催は決行した。公式ガイドツアーをはじめ、地域のお茶に関わる取り組みや、記念講演会など芸術祭関連イベントのほとんどは中止されたが、広報の不足などありつつも市内外から多くの来場者があった。

[2] 無人駅の芸術祭の特徴

　本芸術祭の特徴、特異性をここでいくつか挙げたい。まずは主催が日本の地域型芸術祭で典型的に見られる自治体でもなく、民間主体であることだ。アート文脈ではなく、まちづくりの文脈で地域づくりを本業としてきたNPO組織が本芸術祭を主催している。もともと地域とのネットワークを大切に築いてきた組織として、地域づくりの専門的知識・ノウハウを持つ点が特徴的である。また先述したように運営体制は「推進会議」として拡大したものの、実質本芸術祭を動かしているのはこの「NPO法人クロスメディアしまだ」の職員2名である。芸術祭のすべてにおいて、彼らのこだわりである地域へのまなざしが色濃く反映されている。当時共催として名を連ねていた静岡県文化プログラムは、2020年オリンピック・パラリンピック東京大会に向け、オリンピック憲章で開催が定められた「文化プログラム」を静岡県内で展開するための県の組織である[6]。担当プログラムコーディネーターが伴走し、クロスメディアしまだが専門的な知識を持たない分野、例えばアーティストの選定やアート関連の運営マネジメント面などにコンサルティングの立場で関わり、事業予算のおおよそ3/4を助成している[7]。しかし実際の芸術祭の運営はクロスメディアしまだが主体となっておこなっている。本芸術祭ではキュレーターを置いておらず、参加

アーティストの候補選定において静岡県文化プログラムの担当コーディネーターからのアドバイスの機会はあるものの、アーティストとの制作に関する一切は「NPO法人クロスメディアしまだ」の職員2名がすべてを担っている。

　2つめの特徴は「地域の人たち」をアーティストが表現の軸に据えはじめていることである。3年間の開催で年を重ねるにつれて、アーティストの制作の興味の先が地域住民に寄ってきたという認識を主催側が持っている。制作活動の中で「地域ありき」で作品を創るというように地域の潜在的な文化資源の掘り起こしが行われている。

　例を挙げると、北川貴好の作品「茶屋せんべや」は、地域の誰もが知っていた「せんべや」と呼ばれる元工場について、住民のインタビューをおこない人びとの記憶を紡ぎ出す映像を制作した。「せんべや」の上映には、取材をされたおばあちゃんが地域のおばあちゃんを連れてくる光景が見られた。

　木村健世の「無人駅文庫」は、地域の人たちを丹念に取材して無人駅に関する物語を集めて文庫にしている。取材を進める中で、取材対象のおばあさんの話を聞いて遠方（四国）に暮らす息子さんにも会いに行った。「無人駅文庫」で取材をされた住民たちは嬉しそうに木村に取材をされたことを語っており、地域の人に自分の物語が掲載された文庫本をたくさん配ったという。木村は「これを制作するために1週間くらい連続で地域に泊まり込んで、事前のアポイントを取らずに突撃インタビューを繰り返した」という。事前のアポイントをとらないのは、地域住民の素の姿に触れて自然に記憶を引き出すためだと語る。インタビュー相手が、次の住民を紹介してくれることもあった。これらの事例から地域の魅力がアーティストによって発掘され、地域内で波及するだけでなく、地域住民がいかに作品の主体となって扱われるようになってきているかがわかる。アーティストへのインタビューを通して共通して語られる言葉は、地域の人の存在感と関係性である。「無人駅なのに無人ではない」「人を介して作品を作るが、クロスメディアの兒玉さん（主催団体の中心メンバー2名のうちの1人）の気遣いが絶妙、アーティストが嫌な想いをしない」「ボランティアが気持ちよ

くグイグイ入ってきてくれるが、それが心地よい。他（の芸術祭）は若い子が多いので、こっちが指示を出したり、気を遣わないといけない」「醤油をちょっと借りに行ける社会がここにある、ちょっと無理めなお願いもできちゃう関係、人と人が近い」などのコメント[8]があった。

　3つめは地域の人たちの意識変化と積極的な関わりである。地域住民が地域の魅力を再発見することは、本芸術祭のミッションの1つである。本芸術祭3年間の開催の積み重ねを通して、地域住民からは、「オラが作品」（自分の作品、地域の作品）という意識の高まりが見られる。例えば抜里（ぬくり）という人口約500人の地域において、今年はおよそ20名が芸術祭運営サポートに参加した。彼らの意識や価値観の変化は大きく、自らのアート論を語るようになる例も多くあった。20名は地域の全人口に対しても影響力のある人数であり、さらに彼らの口コミにより影響を受ける人たち（家族やご近所など）も多い。本芸術祭を始める前は、文化・芸術に関わりを持たなかった地域の人たちが、今や制作活動や創作活動に普通に関わっている。

　また2つめの特徴でも述べたが、2020年の作品の中には、地域住民がいないと成り立たないものが多かったことも、この内面的な意識の変容につながったようである。例えば、江頭誠（えがしらまこと）の作品「間にあるもの」は、地域住民に制作した服を着せることで作品として完成するものであった。アーティストとの関わりの中で、自分たち自身が作品になるという意識の芽生えがあり、それが地域（自分たち）の魅力に気がつくことにつながっている。推進委員である町内会長からは、「アーティストという人たちの存在自体が希望だね。自分のやりたいことを突き詰めて良いという人たち、そういう人たちが進んでよいという場を作っている、それが自分たちの地域に対する再認識につながる」というコメントがあった。

　またヒデミニシダの作品「境界のあそび場／うかぶ縁側」は、ヒデミニシダが2017年に本芸術祭に関わった際に地域の歴史などを徹底的にリサーチしたことから着想を得た作品である。ヒデミニシダには大海原に浮かぶ縁側のイメージが湧いて、地元の人を舞台に上げたいという思いから制作した作品である。この「浮かぶ縁側」の制作過程には材料の運び

込みなどに地域住民たちが関わるなど、彼らなしでは作品制作ができなかった。また出来上がった際には地域住民たちが毎日ここに登り、普段見ている風景の変化を楽しんでいたそうである。ちなみにヒデミニシダの作品は地元からの強い要望により、次年度に向けた保存を決めた[9]。

［3］なぜ無人駅の芸術祭を事例としたのか？

　それではなぜ本芸術祭を「地域型芸術祭のコミュニケーション戦略」の実践・検証の事例としたのか。まず本芸術祭は規模、予算の点で中小規模地域型芸術祭の定義に該当している。また、芸術祭のミッションが「地域づくり」で、他の地域型芸術祭と共通している。さらにサイトスペシフィック型、参加・協働型であることから、鑑賞の際に作品と「対峙する時間と思考の余白」の環境が物理的に存在していることが選んだ理由である。

　ただ本芸術祭の大きな特徴は、アーティストと地域の人たちが共有する時間軸や関係性を通じて、地域の人たちがみずから地域の魅力を再発見しながらも、自分たちが「入れ子構造」のように作品の主役になりつつある点である。観客がその構造を読み取るには、コミュニケーション・デザインが必要であることが最も大きな理由である。観客にとっては短い日帰りの時間軸での鑑賞体験となる。そこに「地域の人たち」と「観客」をつなぐコネクター（橋渡し）を、コミュニケーション・デザインとして埋め込むことで、より豊かな鑑賞体験、価値の受容につながるのではないかと考えたからである。

　中心スタッフは2名で、彼らが芸術祭の運営、アーティストとの調整や制作の際の世話、サポート、地域との調整、行政との調整などすべてをこなしている。アートマーケティングに特化してコミュニケーション・デザインを考える専門家ではなく、またその余裕もないことは中小規模の地域型芸術祭として共通した課題であろう。その意味でもこの芸術祭で「観客が生み出すアートマーケティング」のための地域型芸術祭のコミュニケーション・デザイン戦略を検証することで、「観客の受け取る価値と表現」により意識的になり、かつ援用可能な部分をまず実践してみることで、今後の中小規模の地域型芸術祭の有用性に資するのではないかと考えた。

4. 無人駅の芸術祭のコミュニケーション・デザイン

　本芸術祭の特徴の1つとして、3年を経て、芸術祭以前には文化・芸術に関わりを持たなかった地域の人たちの意識の変化が現れ、今では制作活動に普通に関わっていることを挙げた。興味深いのは、自らのアート論を語り、「オラが作品」という彼らの意識の高まりと並行して、芸術祭に複数年参加しているアーティストにも意識の変化が見られ、アーティストからも「そうした地域の人たち（妖精）を表舞台に上げたい」という思いが高まり作品に変化が見られた。そうしたアーティストと地域の人たち（妖精）が共有する濃密な時間軸や関係性を、芸術祭のコミュニケーションにどのようにデザインしたのか。主催者である「NPO法人クロスメディアしまだ」理事長大石歩真と事務局長児玉絵美に半構造化インタビューをおこなった。

[1] ミッションの再定義

　「無人駅の芸術祭」のミッションは一言で表現するならば「地域づくり」であるが、具体的には「地域の暮らし」へまなざしを向け、芸術祭を通して関わる地域の人たちの、地域への気づきと交流を生み出すことを目的としている。すなわち「無人駅をアートで開くことで、地域が開く」と表現しているが、主催者の視線の先はあくまで地域の人たちである。本芸術祭のセオリー・オブ・チェンジは「地域を開くことで、地域内外の関係性を豊かにしていく」であり、そこには「地域の人たち」と「地域外の人たち（＝観客）」が両輪のように存在しているはずだが、実は「地域の人たち」の存在が中心である。それは大石の発言からも明確にうかがえた。

　　メインのターゲットが地域の人。彼らは半分観客で半分関係者であって、彼らに観てもらうことを想定しているところもある。地域の人たちが芸術祭をきっかけに生き生きと暮らす様子が表に表現されていく、その地域の姿を外から見てほしい。その姿を見ることで、（観客も）単純に自分の美意識やアート的な感情よりももっと大きな「生きること」や「豊かな暮らし」を感じてほしい。

兒玉は大石の発言に以下のように補足した。

　効率とか、普通に田舎より都会がいい、などの固定観念や価値が、芸術祭に来ることで、「何かそうでないかも」「新しい生き方」「本当の豊かさ」を、いい悪いではなく、考えるきっかけになるといい。外から来てくれる人も芸術祭はある意味、旅の醍醐味（の一部）だと思うけれど、現地の人と触れ合うことがむしろ記憶に残ったりすると思う。だからアート作品を観に来た、芸術祭に来た人が、そのような「ふれあい」によって「こういう暮らしや景色があるんだ」と価値の再発見をして欲しい。作品だけだと、それこそ大規模な芸術祭と比べても、自分たちが（アーティストに対して）払えるフィーや（お願いできる）アーティストの数において雲泥の差があるわけで、作品だけを観に来た人からするとアート鑑賞だけなら瀬戸内などに負けてしまう。（アーティストに）この場で創った作品、そこに景色が組み合わさっている、そうした複合的な関わりと体験をしてほしい。

　こうした作品の中に明確に刻印されている「地域の人たち」や「地域の景色」の存在と、その「地域の人たち」が作品を観に来た観客と積極的にコミュニケーションを取ろうとすることが、観客を作品の中へと誘い、「複合的な関わりと体験」として観客にとって価値化される。

　来客数という指標は設定していない。それを指標にすると観光の事業になってしまう。あくまで本芸術祭は「地域再生」「地域づくりの取り組み」と謳っている。そこは指標からずらさない。来訪者がいることで「地域の人たち」の意識が変化していくことが重要。しかしある意味、正直逃げの部分もある。それは人数とか経済効果の争いの土俵に乗ってしまったらこの芸術祭は成立しないから。（大石）

　地域再生と文化芸術、この2つを目的にして芸術祭をやっている。だから観光や経済は副次的な位置づけである。（地域の人たちと比べて外からの）来訪者は（私たちにとっては）観光視点からの重点（要素）。外から来た人が

動いたり、食事したり、という二次的な効果として観光や経済がある。だけど人が動くために芸術祭をやっているわけではない。大規模な芸術祭と比べても、やる意味や費用対効果がおかしなことになっていくから、そこを目指すとうちの芸術祭は続かない。（兒玉）

つまり「無人駅の芸術祭」のミッションは「地域づくり」であるが、より具体的には「地域の人たち」がアーティストと作品制作に関わることで変化し、それを観客が作品を通じて目撃し、過疎地域の豊かな面を意識することが見えてくる。この〈地域が開く〉状態がマーケティングとして観客向けに再解釈されたのが、芸術祭のチラシやポスターのメインコピーとして使われている「ようこそ、無人駅の先のワンダーランドへ」である。

　無人駅の先に何があるのか。「ようこそ」と観客を歓迎し、そして「無人駅の先」に観客の視線を誘導する。ビジュアルにはさとうりさの作品「地蔵まえ3」と共に、島田市抜里地区在住の小玉はる（98歳・当時）が登場する。小玉はこのビジュアルの中心に位置しており、むしろ作品は小玉の横に配置されている。作品が地域の人びとに寄り添う関係性が読み取れると同時に、彼らが作品と同等の存在であるというメッセージでもある。

さらに無人駅を見守り、集落の一員として穏やかに暮らしてきたように見えながらも、かつて栄えていた大井川鐵道の駅が段々と無人化していく様子を目撃してきたライフヒストリーがそこから見えてくるようでもある。このように本芸術祭では、芸術祭と謳いながらアーティストや作品のみが主役ではなく「地域の人びと」が共演し、準主役として彼らが存在することをポスタービジュアルで訴求している。その意図を兒玉は以下のよ

画像3「無人駅の芸術祭」のメインビジュアルとコピー「ようこそ、無人駅の先のワンダーランドへ」

うに語っている。

> メインビジュアルに地域の人であるおばあちゃんを、さとうりささんの作品とともに打ち出した。最初に（観客と）関わる前に、芸術祭に来たいと思う人たちに対して、私たちが狙いとしてアーティストと関わっている地域の人にこんな人がいるんだよ、というメッセージをあのビジュアルで示したのが狙い。今回のビジュアルは評判が良くて、ネットでもたくさんの人たちがシェアしてくれた。人と人が関わるって、なかなか知り合いになるのは時間がかかるし、関係がすぐ密にはならない。でもビジュアルで地域の人を出すということをやってみることで、遠くから来たい人たちに「こういう人たちがいるんだ」と感じて欲しかった。（兒玉）

つまり地域型芸術祭のコミュニケーションフェーズモデルにおける第2フェーズの「価値づける」「意味を構築する」は、本芸術祭においては、作品にいろいろな形で関わり、混じり合う影の主役である「地域の人びと」の存在を、観客が自分の中で「価値づける」「意味を構築する」ことを問うているのである。

［2］SNSでのライトな選択的同期

本芸術祭では公式SNSとしてフェイスブック（2020年5月20日時点のフォロワー数614、2020年1月1日から5月11日までの記事数102、以後同じ）、インスタグラム（フォロワー数250、記事数45）、ツイッター（フォロワー数55、記事数12）、そしてライン（フォロワー数130、記事数18）を使用している。ラインは主にサポーターとの連絡用として運用されたが、他3媒体は主に観客向けに発信された。これらの記事は兒玉ひとりですべて作成、アップしていた。「オンラインメディアが弱い」と兒玉は述べたものの、3か月弱でフェイスブックだけでも100を超える記事をアップしていた。例えば1月の投稿は7投稿で、「参加アーティスト情報がアップされました」「静岡新聞に取り上げられました」など主に機能的情報であったが、2月6日より本格的な情報提供が始まり、閉幕後の3月27日まで集中的な投稿が

続いた。そして4月と5月は、芸術祭をまとめた動画のアップと参加アーティストのインタビューがWeb媒体に掲載された記事を紹介する2記事のみであった。このことから、芸術祭開催前の2月から開催期間中は十分な情報発信がオンライン上でできていたと言える。

　各SNSのフォロワーはどのような人たちかを問うと、兒玉は「フェイスブックはある程度（地域でリアルに）つながりがある人がフォローしてくれていたが、インスタグラムは全く（私たちとつながりがない）関係ない人がフォローしてくれて、写真も積極的にアップしてくれた。全く私たちから遠い人を獲得するのに（インスタグラムは）有効だったと思う」と語った。

　来訪者に伝えたいメッセージは何か、そしてそのメッセージをコミュニケーションができていたかを問うと、大石は以下のように答えた。

　　来訪者の方々には、アーティストと地域の人たちの協働作業を見てもらうことを考えていた。複数年を経て、アーティストも我々が伝えたいコンセプトを非常に理解してくれていて、作品のテーマやプラン、表現内容が「地域の姿」や「人」、「生活」に寄ってきている。作品を通じて来訪者にそれを見てもらうことがとても大事で、複数年開催を経てやっとそれが出来上がってきた。単純にアーティストが外から第三者の目線で「こういうところいいよね」というだけでなく、地域と一体になって創ってきたことが大事。それがコミュニケーションにつながってきていると思っている。

と語り、意識的に「アーティストと地域の人たちの協働」を芸術祭の柱に据えることがコミュニケーションに限らず、すべてにおいて優先度が高かった様子がうかがえた。

　そこでSNSの投稿内容に「アーティストと地域の人たちの協働」がどれだけ反映されていたかを把握するために、第2章の「茨城県北芸術祭」の事例で使用したSNS投稿の類型化（「アート関連情報」「場所・環境情報」「その他」本事例では「機能的情報・メディア情報」と称した）を本事例でも試みた[10]。表5の結果を見ると、「機能的情報・メディア情報」にはメディア掲載が多かっただけでなく、新型コロナウイルスの影響で開催に係る情

表5「無人駅の芸術祭」公式SNSの発信内容の分類

分類	Facebook	Instagram	Twitter
「アート関連情報」 アートや土地との関係を読み解く情報として、それぞれの作品のコンセプトや制作過程、それらに参加できる機会の紹介など。アーティストと共同するワークショップや作品に付随するパフォーマンス、イベントの告知を含む。	45 (44%)	24 (53%)	10 (42%)
「場所・環境情報」 (＊地域の人や場所に焦点が当たっている) アートの拡張的体験として、楽しみ方を提案するもの。移動や宿泊、温泉、グルメ情報、おすすめスポット、土地の固有性や記憶を取り上げるコンテンツ	11 (11%)	6 (13%)	2 (8%)
「機能的情報・メディア情報」 作品制作やそのプロセス、コンセプトなどの紹介を含まないイベント告知や、台風など気候の影響による開催情報、芸術祭開催までのカウントダウン、メディア露出情報、ボランティア向けの情報など、芸術祭の情報として機能的に必要な上記類型以外のコンテンツ	46 (45%)	15 (33%)	12 (50%)
Total	102 (100%)	45 (100%)	24 (100%)

報が頻繁にアップされたことから投稿数が多かった。しかし本芸術祭の中心的な存在としての「地域の人たち」に関する投稿である「場所・環境情報」の投稿数がフェイスブックでは全体の11％と意外にも少ないことがわかるであろう。ところが「アート関連情報」の投稿内容を精査すると、フェイスブックの45投稿のうち25投稿（開催前が16投稿、期間中が9投稿）が「地域の人たち」の制作プロセスの関わりをテキストと画像、動画で詳細に紹介するなど、「地域の人たち」の存在を明確に感じることのできる記事であった。つまりアート関連情報の中でアーティストと「地域」の具体的な協働プロセスが細かに発信されていた。

　一例としてさとうりさの「地蔵まえ3／サトゴシガン」という作品に関する投稿を紹介したい。「パブリックアートはお地蔵様になれないのか。」という問いをプロジェクト化した作品で、開幕までに8軒のご家族に"サトゴ"に出された。それら8軒のお宅でいただいてきた愛着を身にまとった白い「お地蔵」は、会期中はさまざまなお宅で過ごした様子の写真と共に展示場所の抜里駅に飾られた。フェイスブックでは各家庭でお地蔵がどのように過ごしていたかを丁寧に取材し、紹介していた。

画像4 「地域」の協働を具体的に示している投稿例
（公式フェイスブックより2020年2月15日・24日投稿）

　また、形狩り衆による「顔の家」は、この地域に住む人びとが互いを愛しみ、「ライフマスク」をその唯一無二の存在証明として永遠にアーカイヴしてゆくプロジェクトである。2回のワークショップを別々の地区で開催し、参加者はお互いの顔から石膏で型を取り、出来上がった「ライフマスク」を集めて「顔の家」に保管するものである。投稿ではそのワークショップの様子を「地域の人たち」を中心に協働の様子を紹介していた。

　これらの投稿が示すとおり、アート関連情報では「地域の人たち」がどのように作品づくりに参加しているのか、地域の目線から捉えた投稿が多い。兒玉自身がキュレーターでもアートの専門家でもない代わりに、地域の目線から「地域がアートとどう関わっているか」に焦点を当てて言語

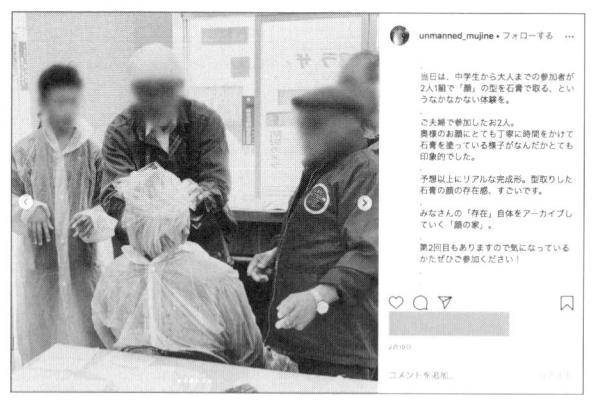

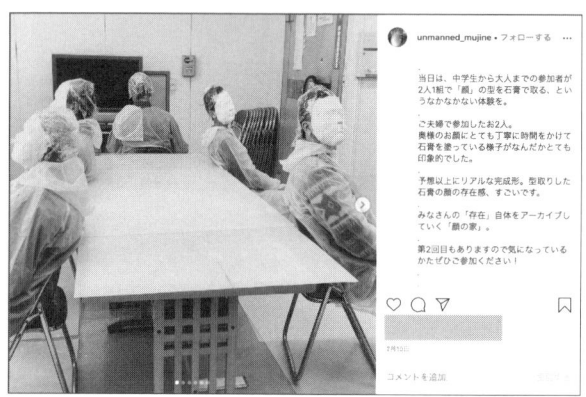

化できるのは、「地域づくり」を仕事としているからだけでなく、自身も「地域の人たち」だからであろう。

　本芸術祭の「ミッションの再定義」「SNSでのライトな選択的同期」において、これまで見てきたように「地域」の存在やアートとの協働プロセスを積極的に、主催者だが地域目線の言葉で可視化することが、ミッションに対するコミュニケーション・デザインであった。特にSNSフォロワーにとっては、そうした協働プロセスが可視化された記事を「いいね!」することで、「知覚の変数」における「内部状態」として芸術祭参加前にメモリーボックスの中に格納されたであろう。

[3] 対峙する時間と思考の余白

　観客は芸術祭に来場する前に、ポスタービジュアルやWeb／公式SNSの記事に触れることで、すでにこの「ワンダーランド」とは何か想像を巡らせることとなる。第2章の「鑑賞の場のコミュニケーション・デザイン」の考察では「さいたまトリエンナーレ」の事例で撮影の制限を加えることで、制限自体がエピソード性を伴った経験価値として出力される環境を創った、と述べて場のコントロールによって、「知覚の変数」の「外部環境」をデザインした、と分析したが、本芸術祭では、逆にポスターやキャッチコピーによって、観客の「内部状態」をデザインした、と言える。つまり作品の意味を認知するための時間と思考の余白を、実際の鑑賞行為の「前」に創ったのである。

　芸術祭ではキャッチコピーを観客が自分で噛み砕いて消化し、SNSで表現を促すことを目的として「#無人駅の先のワンダーランド」のハッシュダグキャンペーンを実施することとした。「あなたが思う『無人駅の先のワンダーランド』を教えてください。」と呼びかけ、アート作品や風景、集落の人などを撮影して、観客自身のSNSに「#無人駅の先のワンダーランド」を付けるか、または芸術祭Webサイトのフォームから応募してもらう仕組みで実施した。この#で観客の視点の誘導と文脈を設定し、観客の表現意識を刺激する、つまり鑑賞前後や鑑賞中に「#無人駅の先のワンダーランド」は何かを考えながら撮影、画像の選択、そして無理なく価値を伝えられるようにテキストの〈#化〉を意図した。このキャンペーンを実施する意味は、コミュニケーション・デザインとして意識的に何らかの「熟考」「自覚」の仕組みを導入することにある。投稿者は自分の「無人駅の先のワンダーランド」を提示し、投稿を読む側も、「この画像がなぜワンダーランドなのか」と考えさせる〈#〉として機能する。動画・画像と〈#〉の間に生じる意味の余白に、投稿者と読者それぞれが自分なりの解釈を重ねることを意図している。

　作品の意味を認知するための時間と思考の余白を実際の鑑賞行為の「前」に創り、「地域」や「地域の人びと」の存在を、観客が「価値づける」「意味を構築する」というコミュニケーション・デザインは、作品制作のみ

ならず、鑑賞の場のデザインにも変化をもたらした。具体的には、2018年から2019年にかけては作品展示を主に駅構内とその近辺を中心に8駅から10駅に拡大し、まさに駅から駅へ移動する形式を採用していたのだが、2020年は逆に6駅に絞り、福用駅（島田市）、抜里駅（島田市）、塩郷駅（川根本町）をメインの3駅としてその周辺地域に重点的に作品を設置して、来訪者の徒歩での回遊性の向上を目指した。これは駅という空間から、地域の人びとの現実的な「生活の営みの場」に視点を向けさせるために「場の文脈のコントロール」を戦略的にデザインした、とも言える。

[4] 異なる文脈が交差する場

　2020年3月の開催は、新型コロナウイルス感染拡大に関連した自粛要請や緊急事態宣言が出される前のギリギリのタイミングであったため、芸術祭自体の開催は決行できたものの、公式ガイドツアーをはじめ、ゲーム感覚で緑茶を味わう子ども向けのイベント、家族向けの「アート×謎とき」プログラム、自転車で巡るツアー、記念講演会など芸術祭関連イベントのほとんどは中止となった。

　これらのイベントは、観客同士や観客と「地域」「作品」が出会うリアルな場であり、芸術祭をより楽しめる機会を提供することを目的に主催者が設定していたように見えるのだが、「今年は観客と地域の人たちをつなぐイベントはなかったが、つなぐ人はいたか？」の問いに対して大石は「それはあくまでアーティストや作品であって、彼らが真ん中に立ち来訪者と地域の人をつなぐポイントだと思っている」と明確に述べた。

　大石に重ねて兒玉も「江頭誠さんの作品『間にあるもの』が一番地元の人と来訪者をつなぐところでは象徴的だった。江頭さんにはこの芸術祭の一番の魅力は集落の人だという思いがあった。彼はものすごくシャイだから、こうした魅力的な人たちとコミュニケーションがなかなか取れないからどうしたら良いか、それなら集落の人に作品になってもらえば、来訪者も魅力ある人たちと交流できるんじゃないか、ということで作品を作ってくれた。アーティストが複数年の参加でこのように意識を変えて挑

画像6　江頭誠「間にあるもの」
（主催者撮影）

戦してくれた。木村健世さんの「無人駅文庫」も地元の人たちへのインタビューを作品に昇華させて、地元の人たちが住む場所で、地元の人たちの記憶や体験をアート作品として読んで味わうのは、この芸術祭でないと実現しないこと。これがアーティストが間に入る意味である」と語った。

　これらのコメントが明確に示唆しているのは、地域と観客の関係構築のコネクターはあくまでアーティストや作品である、ということだ。つまりこの芸術祭での「異なる文脈の観客が交流する」とは、実はアート文脈と非アート文脈という境界ではなく、「地域以外から来る観客」「地域の人びと」「アーティスト」という文脈における交流であった、と言えよう。つまりアーティストと地域の人たちとの関係が非常に濃密で快適、かつ時間の経過とともにアーティストにとって彼らの存在感がますます大きくなっていったからこそ、地域の人たちがだんだんと自然にクリエイションの中に入り込むようになる。そしてもともと「アーティスト」という文脈と「地域の人びと」という文脈が制作過程で交差していたが、複数年度に渡って関与度が高まるにつれ、作品として昇華され、重要な一部となった。観客にとっては作品を鑑賞することで、作品が媒介として地域の人びととの擬似的な接続を体感することになる。つまり「観客と作品の関係」が「観客と地域の人たちの関係」に変換するのである。これが芸術祭のミッションに到達する手段として意図していた構造であろう。

［5］コネクターの存在

　一方で、「地域の人びと」にも変化が起こった。それは大石の言葉によると「そうした作品を通じて地域の人びとは『僕らが主役なんだ』ということに気づく。作品のテーマでお茶畑、大井川は彼らもすぐに理解できたと思うが、僕らが作品のテーマなんだ、と実感してくれた」。この実感こそが「地域の人たち」がアーティストと自分たちとの異文脈の交流を通して、相互の文脈の関与度と自己関連性の高まりを示すものである。自己関連性の高まりの結果「自分たちが作品のテーマ」と感じたからこそ「主体性」が生まれ始め、「地域の人たち」に伝染していく。兒玉も大石も「地域の人びと」の自発的な行動を以下のようにいくつか例をあげた。

　今回の芸術祭で新しくエリアとして加わった川根本町、塩郷エリアは、私たちが拠点にしている島田の隣で、もともと私たちも関わりがそんなになかったところだった。ただもともと地域おこしを一生懸命やろうとしていたエリアで、今回芸術祭のエリアに入ったことで、おもてなしの協力体制が一気に開き、強化された。われわれが関知しなくてもどんどん手伝って完結してくれた。制作の手伝いも「こういうことか」というのがわかったようで、アーティストのお手伝いを自発的にやってくれるようになり、期間中も展示場所へのアクセスがわかりにくいので看板の位置やパンフレットの置き場所などアドバイスをしてくれて動いてもくれた。アートの理解まではしていないかもしれないが、アーティストと地域との交流は、私たちの関知しないところでかなり深くやってくれた。(兒玉)

　実際に朝日新聞静岡版（2020年2月27日付）のコラム「だもんで　ヨソモノが見た静岡」では川根本町の地元のNPO団体エコティかわねの神東美希が地域の人びとがどのように芸術祭に主体的に関わったかが描かれている。これは芸術祭のミッションが地域の人びとに図らずも伝わっていたことを示しているだろう。

　正直、今でも芸術についてはよく分からない。ただどうせやるなら地域を

知ってもらうためのきっかけにしたいと思った。電車や車に乗ってアート鑑賞だけして帰ることも可能な芸術祭だが、それだけでは川根本町という地域に愛着を持つことは難しい。

　そこで私自身が案内人になり、地域の人や食、景観を紹介して回った。いつもニコニコ安全運転、ドライバーの山ちゃん、鑑賞チケットにはさみを入れて「出発進行!」の演出は哲ちゃん。地元食材たっぷり、お昼のお弁当は春子さん作。楽しい川根茶の体験は成子さん。

　信頼できる仲間にたくさん登場してもらった。なぜなら「そこに暮らす人」を通じて川根本町の魅力を感じてもらいたかったから。おかげでお客様には好評だった。

　またそうしたボランティア活動だけではなく、複数年の開催を経て、「地域の人びと」の表現活動も刺激を受け、活発化したようである。

　会期の後半になると、妖精たち（地域の人たちによるボランティアのこと。アーティストが「妖精」と呼んだことから定着している）も観客にお茶を振る舞っていた。でも私たちからは何も要請していない。観客に場所を提供してくれたり、案内の看板を立てたり自分たちで自発的にやってくれた。良し悪しは別にして、福用駅のまわりに自分たちも作品を出したい、と地元の石で彫ったお地蔵さんを地元の人たちが並べた上に、SNSでも「勝手に芸術祭」とか「ゲリラ芸術祭」と称してアップしていた。それから駅舎の空いたスペースに額を並べて茶まつりの写真展をやったり、アーティストとの兼ね合いがややこしいと思ったけれど、芸術祭を通じて自分たちもアートを使って、地域でもてなしをしたい、というのが初めて出てきた。（大石）

　これらの「地域の人びと」の変化は、「観客と作品の関係」が「観客と地域の人たちの関係」に変換される構図をどう変化させたのだろうか。「地域の人びと」が「入れ子構造」のように存在していることは前述したが、彼らが本芸術祭の作品のテーマとなった上に、会期中は彼らの自発的な観客への関与が作品のまわりに存在する、という構造と変化したのであ

る。主催者の2人は「アーティスト」が「地域の人たち」と「観客」を接続するコネクター、という見解を示したが、実は会期が始まってからは「自分が主役」と感じた「地域の人びと」に主体性が発現し、これまで「アーティストと地域の人たち」と築いた関係を、今度は「自分たちと観客」の関係に持ち込み、接続、変換しようとした結果、自分たちが「観客と作品をつなぐコネクター」に変化していった、とも考えられる。これを整理したのが図5である。

本芸術祭における「コミュニケーション・デザイン戦略」の中でコミュニケーションと創発性を誘発する媒介物として、異なる文脈が「リアルに出合う場」「SNS上のコミュニケーション」、そして媒介中心性の高い「コネクター（橋渡し）」の3つの存在は、これまでの分析と重ね合わせると、主催者の意図として「作品が地域と観客を接続する」以外は設計されていない。しかしながらミッションの再編集として、作品制作やコミュニケーションにおいて「地域」「地域の人びと」の存在を常に中心に置くことを徹底してきた、というシンプルな構造であったため、実際は「地域の人びと」が「自分が作品」という意識を持ち、「主体性」を会期中に発揮し始めて、図らずも自らが「コネクター」となり、観客がいる場に入り込み、異なる文脈

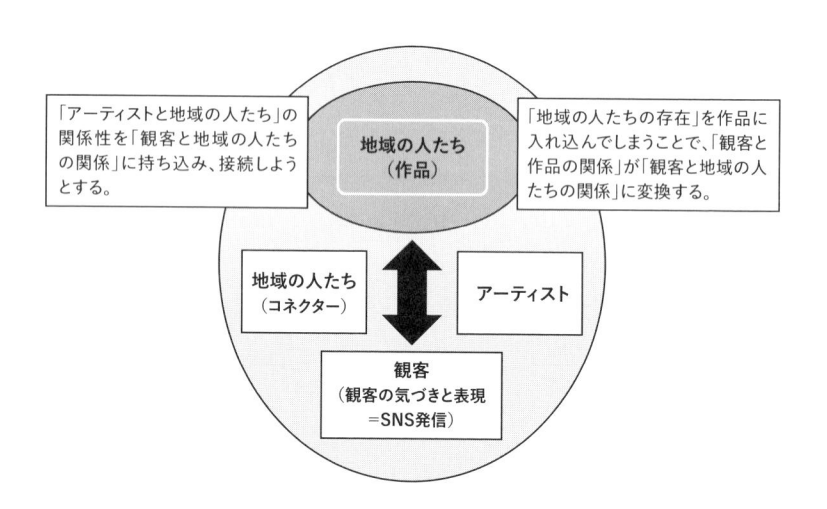

図5 「無人駅の芸術祭」開催後の異なる文脈の交流の構図

表6 「無人駅の芸術祭」のコミュニケーション実践の整理

コミュニケーション・デザイン戦略の枠組み	インタビュー調査から見えてきた内容	実践
ミッションの再定義	アート鑑賞と「地域」の複合的な関わりと体験	コミュニティマガジンやメディア露出 SNS/Webでの発信内容
SNSでのライトな選択的同期	アーティストと「地域」の具体的な協働プロセスを中心に発信	SNSでの発信時期、記事内容
対峙する時間と思考の余白	芸術祭に来たいと思う人たちに対して、こんな人がいるんだよ、というメッセージの発信	宣伝物（ビジュアルなど）作品展示の場 SNSキャンペーン
異なる文脈が「リアルに出会う場」、「SNS上のコミュニケーション」、そして媒介中心性の高い「コネクター（橋渡し）」の3つの存在	関連イベントの実施（リアルに出会う場）地元の人たちの能動的なおもてなし協力体制（コネクター）勝手に地域の人たちが自分の作品を展示（コネクター）	関連イベントはコロナ禍のためキャンセルされた。関連イベント以外の主催者による主体的な実践はみられなかった。

（アーティスト、地域の人びと、観客）を接続していこうとしたのである。ここでは鑑賞の後ではなく、鑑賞と同時並行ではあるが、アートと非アートの文脈に限らない、地域内と地域外という異なる文脈の交差としての「リアルな場」と「コネクター」の機能が鑑賞の場に存在していたのである。

　ここまでの無人駅の芸術祭におけるコミュニケーション実践を「コミュニケーション・デザイン戦略の枠組み」をもとに整理したのが表6である。

5. ミッションは受容されたか

　ここまで「地域型芸術祭のコミュニケーション・デザイン戦略」の枠組みを使って無人駅の芸術祭のコミュニケーション実践を分析した。ここからは「観客が芸術祭のミッション〈地域が開く〉を『価値』『意味』として捉え、受容したかどうか」に対する検証を試みる。分析データは無人駅の芸術祭の2019年および2020年の2か年に渡る観客のアンケート調査結果の比較分析である。

[1] 観客アンケート調査（2019 および 2020）の比較分析
　筆者は主催者（大石および兒玉）の協力を得て、2019年および2020年の観客向けアンケート調査をおこなった。アンケートの項目は両年ともほ

ぼ同じ質問と選択肢である。回答者数は2019年が174名（17日間開催、1,576名来訪）、2020年が200名（17日間開催、4,275名来訪）であった。以下が主な分析結果である。

1. 観客のほとんど（9割）がアートに関心を持っている。2019年、2020年ともに「とても関心があった」「やや関心があった」は合計で88%と89%でほぼ変わらなかった。しかし2019年の「とても関心があった」（43.7%）と「やや関心があった」（44.3%）の構成比率が、2020年は49.5%と39.5%と「とても関心がある」が増加している。

2. 知人や家族から聞いて来場した人が4割を占めるが、芸術祭公式SNSがきっかけで来場した割合が10%から15%へ増加した（詳細は後述）。

3. 新型コロナ禍の影響で、地元のお店や食事などの接触は今年減少したが、関連イベント・ツアーが軒並みキャンセルとなった中、「地元の人と挨拶した・話をした」は逆に増えている（2019年の53.4%から2020年は56.5%へ増加）。コロナ禍でも地元のふれあいは衰えることがなかった。

4. 回答者の1/4が芸術祭公式SNSのフォロワーであった。全体来場者数のうちのフォロワーの数も比較的多かったと考えられる[11]。

5. 回答者の半数以上が自分のSNSに投稿した、または投稿するつもりである（2019：50%、2020：51.5%）。SNSの積極的な発信（投稿）率の全国平均は11.8%[12]であることから、アンケート回答者の半数が投稿した、もしくは投稿する意思があるのは、多少差し引いたとしても表現意欲は高い（詳細は後述）。

これらの結果が示唆しているのは、「ミッションの再定義・再編集」された媒介物や「SNSのライトな選択的同期」を経て、「内部状態」が蓄積した状態の観客も多く来場していたのではないかということである。

［2］公式SNSフォロワー・非フォロワー比較分析

では特に「内部状態」が蓄積された観客の代表例として、本芸術祭公

式SNSフォロワーに注目し、フォロワーと非フォロワーの比較分析からフォロワーの特徴を捉えてみよう。

　まず芸術祭来訪前の情報源について複数回答可で聞いたところ、フォロワーと非フォロワーとでは明確な差異が見られた。フォロワーは芸術祭のSNS（41.2%）および自分がフォローしているSNS（27.5%）の回答が多く、続いて知人・家族から（27.5%）、新聞（13.7%）から情報を得ている。公式ウェブは7.8%だった。非フォロワーは知人・家族（43.5%）に続いて地元紙（16%）および新聞（13.7%）と伝統的なメディアから情報を得ていた。自分がフォローしているSNS（10.7%）、芸術祭SNS（5.3%）は少ない結果となった。さらにSNSによる情報収集について「公式・非公式にかかわらず、本芸術祭に関連した投稿にいいね！しましたか？」と聞いたところ、フォロワーと非フォロワーでは全く違う結果となった。フォロワーは82.4%が「はい」と回答し、対して非フォロワーは21.4%で、フォロワーは来場前にSNS上で情報収集と共感行動の上で来場している。つまりSNSでの情報発信がフォロワーには特に重要な情報源であることがわかる。

　また情報発信について「本芸術祭について、ご自身のSNSに投稿をした、またはこれからしますか？」と聞いたところ、「はい」と回答したフォロワーは80.4%に対し、非フォロワーは47.3%であった。フォロワーの高い情報発信行動は予想通りとしても、非フォロワーでも情報発信の意思も比較的高く、彼らが発信しやすい方法を施策として取り入れるとさらに口コミ効果が狙える可能性を伺うことができた。

　この分析で明らかになったことは以下である。

1. フォロワーは非フォロワーに比べて、主に芸術祭公式SNSと自身のフォローしている他のSNSから情報を得ている割合が高い。非フォロワーは知人、家族の割合が4割以上で最も高いが、それでも1割程度は公式SNSからも情報を得ている。

2. フォロワーの8割が投稿による情報発信の意思がある。しかし非フォロワーでも約半数は情報発信の意思があった。非フォロワーの情報表現を促すことに、さらなるマーケティング機会の可能性がありそうである。

　次に観客アンケート調査（2019および2020）の自由記述設問から、鑑賞前後の観客の変化を探ることを目的に、以下の設問に対する記述をデータとして分析した。

・「本芸術祭にお越しいただく前は何に期待していましたか?」
　（2019年回答数103、2020年回答数126）
・「本芸術祭を体験してみて、ポスターやパンフレットで使用しているメインコピーである『無人駅の先のワンダーランド』は何だとご自分は感じられましたか?」
　（2019年回答数88、2020年回答数105）

　両設問とも、テキストマイニング[13]ツールを使用して2年分の回答データの比較分析を実施した[14]。その際に分析で導き出された「単語分類」結果を参考にしながら、全コメントを目視で確認し、KJ法[15]によるコメントの分類整理をおこなった。その結果が以下の通りである。

　両年ともによく出現する言葉は「新しい」「作品」「アート」「駅」「鉄道」「地域」など本芸術祭の基本的形態を示す言葉が並ぶ。「2019によく出

表7　テキストマイニング分析の「単語分類」の結果

	2020にだけ出現	2020によく出る	両方によく出る	2019によく出る	2019にだけ出現
名詞	縁側	自然、風景、融合、コラボ、景色、田舎、変化	作品、アート、駅、鉄道、地域、芸術、江頭	無人駅、展示、期待、アーティスト、興味、交流	桜、芸術性、駅舎、さとうりさ、マッチ、世界、大井川鐵道
動詞	できる、巡る、いく、おどろく、くれる、とれる、のる、ひなびる、ふれる、みれる、伺う、出す、出会える、回る、広める、感じる、映える、楽しむ、気づく、知る、考える、聞く、行く	触れる	思う、出逢う、楽しめる、根ざす		増える、からむ、しでかす、しる、ふれあう、咲く、待つ、撮る、暮らす、溶け込む、生かす、異なる、結びつく、見せる、見る、見れる
形容詞	面白い、白い、おおい、丸い、楽しい、素晴らしい		新しい、いい		たのしい、ほしい、古い、珍しい、良い、若い

る言葉」「2020によく出る言葉」を比較すると、2019年は「無人駅」「展示」、さらに2019にだけ出現する言葉として「大井川鐵道」「駅舎」など駅周辺に掛かる言葉を見出すことができる。2020年においては、「自然」「風景」「融合」「景色」「田舎」など無人駅を超えて地域への広がりを見出すことができる。2020にだけ出現する言葉として「白い」「縁側」と作品の特徴を表した言葉も見受けられる。「白い」はさとうりさの「サトゴシガン」のことを指しており、縁側はヒデミニシダの「境界のあそび場／うかぶ縁側」である。どちらの作品も「地域の人びと」との交流や彼らを縁側という舞台に上げることを意図した作品である。テキストマイニング分析の結果から明らかになったのは、「無人駅」という狭い範囲に留まっていた関心が、2020年には無人駅の先の広域に広がっていき、無人駅が存在しているまわりの環境に目が向いていることを示したことである。

　「無人駅」「アート」などのキーワードは、鑑賞前に観客にとって比較的想像しやすく、本芸術祭として根幹を成す、期待感の高さを示すものである。しかしそれらに加えて、2020年はそこからの広がりや地域の暮らしのベースとなる「自然」「風景」「田舎」などのキーワードが特徴として加わった。これはこれまで述べてきた「コミュニケーション・デザイン戦略」の枠組みで語れば、鑑賞前に観客の「対峙する時間と思考の余白」を創った結果、現れた言葉ではないだろうか。

　期待感を聞く設問である「本芸術祭にお越しいただく前は何に期待していましたか？」では、KJ法による整理の結果、大まかには「作家・アート」「アートと駅、場の掛け合い」「地域・出会い・交流」の3つに分類することができた。「作家・アート」では、「現代アートの世界に触れてみたくて」や「夏池さんの作品」「茶畑の中の縁側」など具体的なアーティスト名や作品をあげるコメントも多数あった。「アートと駅、場の掛け合い」では、「神尾駅と無人駅文庫（駿河徳山）と、しでかすおともだち」や「アートの面白さ　駅をめぐる楽しさ」など、そして「地域・出会い・交流」では「その街に暮らす人との交流」「古民家など昔のものを見たかった」などのコメントに代表される。3つの主な分類の比率において傾向は両年共に顕著な変化はないことがうかがえる。

続いてキャッチコピーの解釈を聞く設問である「本芸術祭を体験してみて、ポスターやパンフレットで使用しているメインコピーである『無人駅の先のワンダーランド』は何だとご自分は感じられましたか?」では、ポスターのメインビジュアルに添えられたコピー「無人駅の先のワンダーランド」を使用し、実際に鑑賞後、観客が改めて自分の体験と、このコピー文を相対化する機会を作り、思考を巡らせて自分なりの答えを見つけてもらう意図で設定した。またこのコピーをハッシュタグ化して、観客自身が撮影した写真と共に投稿するSNSキャンペーンも同時に実施した。本アンケートでは実際の投稿者だけに限定せず、あえて一般の観客に広く問うことで、「地域の豊かな暮らし」や「地域の人びと」の存在感を観客が受容して「価値づける」「意味を構築する」まで結びついたかどうかの可視化を期待した。

　表7の「単語分類」結果を参考にしながら、全コメントを目視で確認し、KJ法によるコメントの分類整理を試みた。その結果、「地域、場、日常生活」「人（交流・ふれあい・つながり）」と、自身の内的感覚の変化や想像の世界を示す「内的感覚・想像」の3つに分類することができた。コメント例としては「地域、場、日常生活」では「この地域暮らしそのもの」「里山に日本の未来がある」「人びとの暮らし　地域の歴史　アートの取組み」などである。

　「人（交流・ふれあい・つながり）」では「地元の人たち。場所とそこにちょっと入った時の自分の異物感みたいなもの」「会話を通して人と人とのつながりを体験できたこと」「駅は無人だけどそこに住んでいる人と沢山話をして旅気分でした。ある無人駅にたどりつくまでは既に冒険でありました＝ワンダーランド＝自分にとっての異空間。」などである。

　「内的感覚・想像」では「自分の中で色々な想像や気持ちを膨らませる時間」や「日常のアートがぽんとおかれた　非日常」「ワクワク」などである。

　2019年は観客のコメントが「自身の内的感覚の変化や想像の世界」に関するものが主であった。しかし2020年は「地域、場、日常生活」が

表8　KJ法による「期待感」の整理の結果

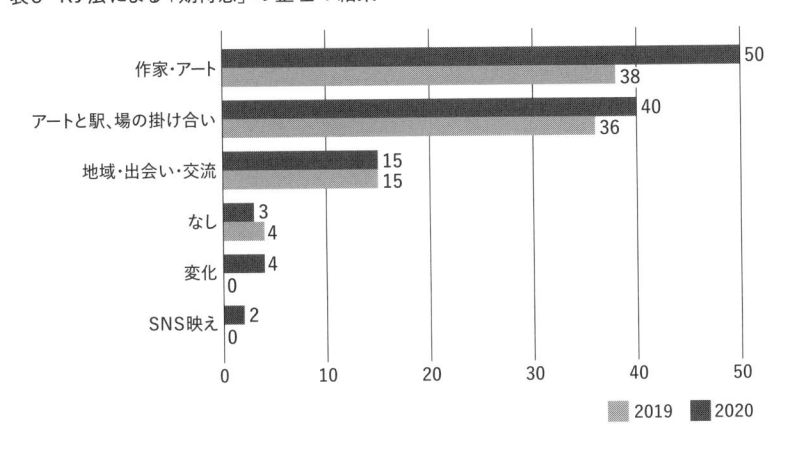

表9　KJ法による「キャッチコピーの解釈」の整理の結果

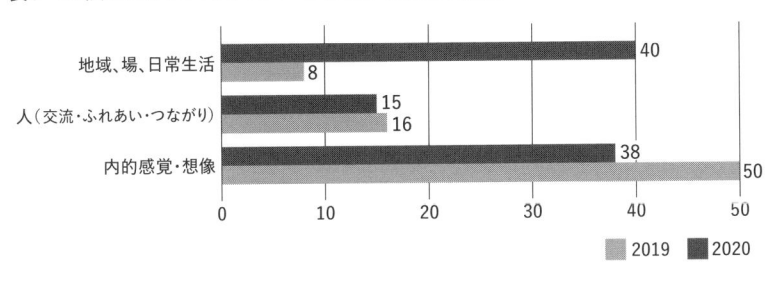

大幅に増えている。これは先の「期待感」に関する設問でも、2020年では無人駅周辺からさらに広がりや地域の暮らしのベースになるような言葉が出てきたことと併せて考えると、「地域」や周辺環境への関心の広がりは本芸術祭での鑑賞を経て、「価値づける」「意味を構築する」につながっていった可能性を見出せる。

　次にテキストマイニングの共起ワード分析をおこない、さらに裏づけをおこなった。共起ワード分析とは、文章中に出現する単語の出現パターンが似たものを線で結んだ図である。出現数が多い語ほど大きく、また共起の程度が強いほど太い線で描画される[16]。図6内に四角で示している言葉について取り上げる。

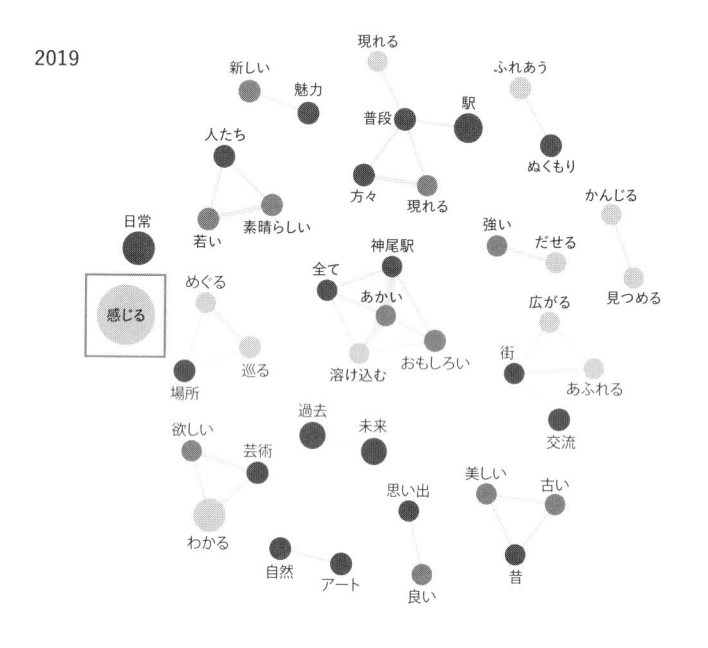

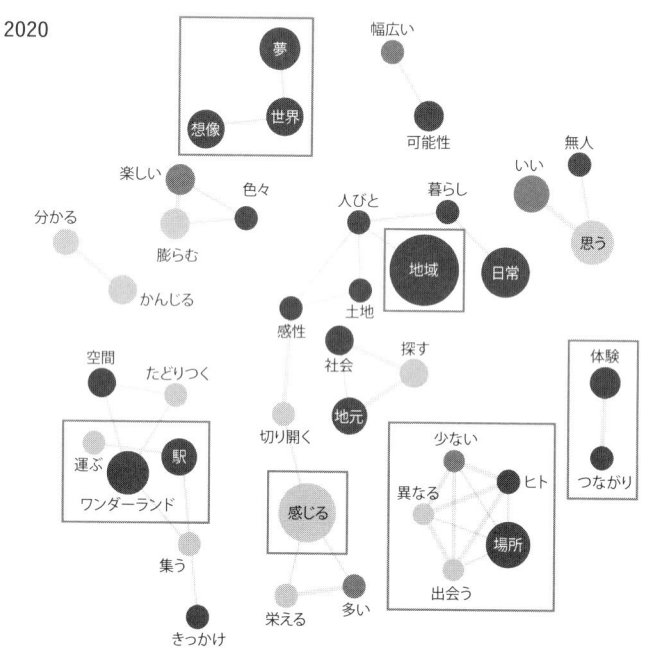

図6 共起ワード分析の比較

共に「感じる」というワードが大きく出ているが、2020年の特徴は、出現の多いワードとして「地域」が大きく表示され、そこに「感じる」も、距離は遠いが連結している。2019年が同程度の出現回数の多様な言葉が混在しているのに比べると、「ワンダーランド」「駅」「夢」「想像」「世界」などのいくつかの言葉がハイライトされている。他にも「感じる」からは独立しているが、共起の程度が強い同士の「異なる」「少ない」「出会う」「ヒト」が「場所」と連結、また「つながり」と「体験」のワード同士が強く結びついている。これらを整理すると、2020年は、観客が「地域」を「感じ」、「異なる」「人」と「出会う」「場所」で、「つながる」「体験」をすることが少なくとも一部の観客に受容された、と解釈できる。これらは大石が先に語った「地域の人たちが芸術祭をきっかけに生き生きと暮らす様子が表に表現されていく、その地域の姿を外から見てほしい」という言葉、そして児玉の「アート作品を観に来た、芸術祭に来た人が、そのような『ふれあい』によって『こういう暮らしや景色があるんだ』と価値の再発見をしてほしい」という言葉とシンクロしている。

［4］「地域を開く」を知覚する

　「地域型芸術祭のコミュニケーション・デザイン戦略」の枠組みを通して、本芸術祭のミッション〈地域が開く〉を観客は受容し、「価値」「意味」として捉えることができたかどうかに対する検証をおこなった。「無人駅の芸術祭」の2019年および2020年の2か年に渡る観客のアンケート調査結果の比較分析をテキストマイニングによって実施した結果、鑑賞前の期待感は、2019年は「無人駅」という狭い範囲に留まっていた関心が、2020年には無人駅の先の広域に広がっていき、無人駅が存在しているまわりの環境に目が向いていることを示した。また鑑賞後の「価値」と「意味」づけを検証する目的で同様に「無人駅の先のワンダーランド」は何か、という設問に対する回答コメントをテキストマイニング分析すると、2019年に比較して2020年は地域、場、日常生活に視線を向けたコメントの増加が見られた。さらに共起ワード分析の結果、観客が「地域」を「感じ」、「異なる」「人」と「出会う」「場所」で、「つながる」「体験」をすることが観客

による本芸術祭の価値の言葉として見出すことができた。この結果に対して、どの程度がコミュニケーション実践によるものかはもちろん厳密に断定することができない。しかし大石や兒玉の「地域を開く」の意味、つまり駅を中核としたその集落全体を「無人駅フィールド（地域）」と捉え、アートの視点から、そこに息づく『記憶』『風景』『営み』を掘り起こし、見つめ直す取り組みは、デザイン管理された媒介物（作品制作と展示環境、そしてコミュニケーション実践）とデザインできない創発性の表象であるコネクター（地域のひと）を通して、統合された形で観客への伝達されていた、と言えるだろう。

　これを「知覚の変数」理論にしたがって知覚の構造を説明すると図7のようになる。

　刺激としての作品制作では、アーティストが意識的に「地域」「地域の人びと」を組み込み、さらに外部環境として無人駅フィールドの回遊性が

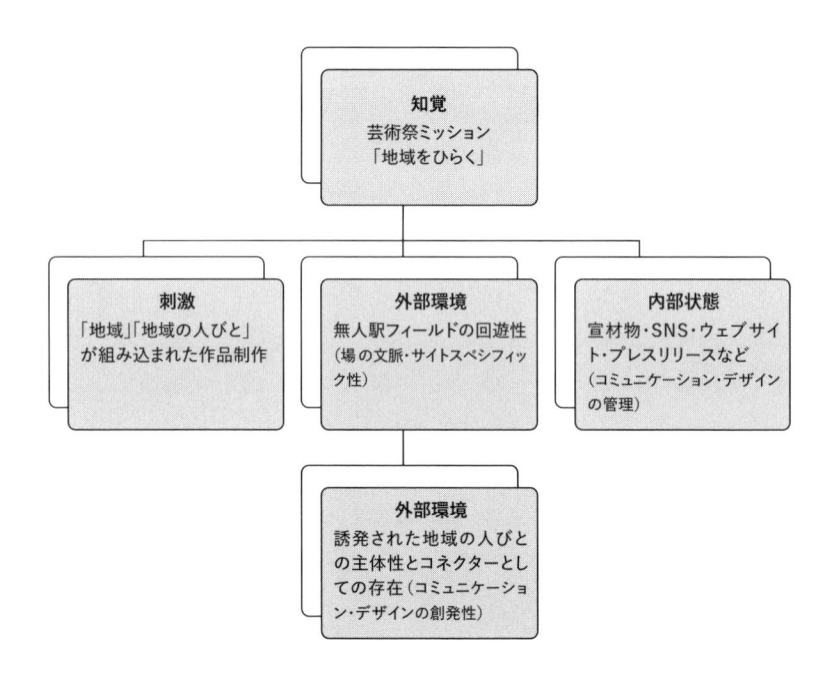

図7　UNMANNED 無人駅の芸術祭における「知覚の変数」構造

デザインされた。内部状態として、宣材物や SNS、ウェブサイトなどコミュニケーション・デザインの管理可能な媒体でメッセージを発信した。また外部環境として「地域の人びと」の主体性が発現し、コネクターとして観客と作品を接続したことはデザインできなかった創発性である。それらが掛け合わされた結果、芸術祭ミッションである「地域をひらく」を知覚した、という構造が見えてくるのである。

註：

1) 2017年7月22日から9月10日まで51日間宮城県石巻市（牡鹿半島、市内中心部）を中心に松島湾（塩竈市、東松島市、松島町）、女川町を提携会場として開催された総合芸術祭である。環境問題と向き合うべく、2015年からおこなわれていた音楽野外フェスap bank fesが2011年、2012年は東日本大震災の復興支援をテーマに催されたが、その後4年間は「今はすべての力を被災地の現場に注ぐべき」と休止。2016年に総合芸術祭が誕生することがアナウンスされ、そのプレイベントとして「Reborn-Art Festival × ap bank fes 2016」を開催。ap bank fesが復活し、「アート×音楽×食で彩る新しいお祭りを東北に」をテーマにReborn-Art Festival 2017が開催されるに至った。震災以降「人の生きる術」が失われかかっていることを認識し、いま最も必要なのは「人の生きる術」を蘇らせ取り戻すこと＝Reborn-Artと名付け、食や住や経済などの「生活の技」、アートや音楽やデザインの「美の技」、地域の伝統と生活の「叡智の技」などさまざまな領域におけるReborn-Artを発見―再発見しようとすることをコンセプトとした。
RAF公式ウェブサイトより http://www.reborn-art-fes.jp/concept/（2024年11月30日アクセス）
2) 人脈の専門家であり、人種、学歴、家柄の異なる人びとを結びつける役割を担う。山本晶（2014）『キーパーソン・マーケティング：なぜ、あの人のクチコミは影響力があるのか』（Kindle版）東洋経済新報社 第1部第1章「ネットワークのキーパーソンをつかまえる」より。
3) 総来場者数について、各駅およびエリアに作品が分散しており、屋外展示作品もあることから、芸術祭のために訪れた実人数やすべての作品ごとの来場者数を把握することができない。このため、作品の配置状況や来場者の鑑賞ルート等を考慮のうえ、入場者数を計測可能なインフォメーションセンターを基準として設置し、主要3駅およびエリアへの来訪者を想定うえで、主要3駅及びエリアへの来場者数を合計したものを芸術祭全体の来場者数としている。
4) 関口恒男、江頭誠、さとうりさ、木村健世、北川貴好、栗原亜也子、ヒデミニシダ、夏池篤、中村昌司、形狩り衆、クロダユキ、カトウマキ、常葉大学造形学部。
5) 事業設計を整理する際に使う手法の1つ。一般的により包括的に、課題が解決された望ましい状態を実現するための複数の手段を図示したもの。定型の図式がなく、ロジック・モデルよりもより自由な形でさまざまな図式案が提案されている。
6) 静岡県は2021年1月に本組織の事業を継続発展させるために静岡県文化財団内に「アーツカウンシルしずおか」を設置した。

7) 筆者は当時静岡県文化プログラムに非常勤のプログラムコーディネーターとして勤務していた。本芸術祭の担当コーディネーターではないが、担当コーディネーターに戦略面の確認をおこないながら広報面のアドバイスや、一般財団法人 CSO ネットワークによる「UNMANNED 無人駅の芸術祭／大井川 2020 事業評価報告書」（2020.3）における調査分析協力（2年分の観客アンケートデザインや集計分析など）をおこなった。

8) 一般社団法人 CSO ネットワーク評価事業コーディネーター千葉直紀のインタビューノートより。筆者も江頭誠、北川貴好、栗原亜也子、ヒデミニシダのインタビューに立ち会った。

9) 一般社団法人 CSO ネットワーク, 前掲書 p.22 および千葉直紀によるインタビューノートより。

10) なお、「場所・環境情報」については定義の通りだが、本芸術祭の中心的な存在として「地域の人たち」に光が当てられていることから、アート関連情報でないが、観客も含む「人」に記事の焦点が当たっている場合は「場所・環境情報」に分類した。

11) 芸術祭公式 SNS フォロワー数フェイスブック（614）、ツイッター（55）、インスタグラム（250）のトータル数 919（2020 年 5 月 20 日現在、複数のアカウントのフォローも考えられるため人数の重複の可能性あり）のうち 51 名（5.5%）がアンケートに回答したが、2020 年のアンケート回答者数 200 名が全来場者数の 5% であったことから、逆に SNS フォロワーのうちかなりの高い人数が実際に芸術祭に参加した、とも推察できる。要は実際の全来場者のうちの 5% がアンケートに答えたので、同じ率でフォロワーが答えたと仮定すると、実際のフォロワーの参加数はほぼフォロワーのトータル数 919 人に近くなると考えられる。そうすると「ミッションの再定義・再編集」された媒介物や「SNS のライトな選択的同期」を経て、「内部状態」がデザインされた状態の観客も多かったと言えるだろう。

12) 平成 27 年総務省情報通信白書第 2 部第 4 章 4「SNS での情報発信経験」図表 4-2-2-8（2024 年 11 月 30 日アクセス）

13) テキスト・マイニング分析とは形式化されていない文章に含まれる単語や文節から、それらの出現頻度、関係性を定量的に把握する方法である。文章化された非構造型データの分析に対して有用なツールである（小林、寺田、佐藤 2012：85-93）。

14) ユーザーローカル テキストマイニングツール（https://textmining.userlocal.jp/）による分析。株式会社ユーザーローカル提供の無料版を使用。

15) KJ 法とは「ブレーン・ストーミングで出された意見を 1 枚のカードに一つの主題に限定して書きだし、多数のカード上の情報や意見を同類、対立、柑関、因果、上下位などの関係に置いて全体の構造を図解する」（有斐閣『心理学辞典（電子辞典版）』（2005）の高下による記述より）方法である。

16) ユーザーローカル テキストマイニングツール（https://textmining.userlocal.jp/）の解説による。

第 **4** 章

投稿発生率にみる観客の表現意識

1. 観客の表現行動

　観客が「消費者」でありながらも同時に「生産者」として生み出す UGCには豊穣な意味や創発性が存在するとすれば、そこに「芸術祭固有の価値の共有」や「芸術祭の経験から発現する『主体性』」を捉えることができないだろうか、という問いを第1章で投げかけた。本章では観客がアート作品を撮影し、コメントをつけて投稿する意味を快楽的な消費に回収されるのではなく、観客の表現行為であるとして「豊穣な意味」や「創発性」の存在の検討を試みる。

　先述したように、SNSはコミュニケーション・デザインのデザイン可能な「外部環境」や「内部状態」に関わる媒介物であると同時に、その媒介物によって誘発された「知覚」つまり観客の「価値づけや関与」が表現されている媒介物でもある。このSNSの2つの役割のうち、後者の役割を明らかにする。本章後半では「無人駅の芸術祭」でのSNS投稿者へのアンケート調査と投稿の内容分析による検証もおこなう。

2. SNS映え

　ここでは観客による「生産者」のコミュニケーション活動として社会現象化している「SNS映え」の意味を考え、分析しよう。地域型芸術祭はど

のように受容され、表現されているのか。そもそも写真を撮ってSNSにあげることは消費行動そして顧客体験としてすでに日常化しつつある行為である[1]が、観客が芸術の体験行動においてアート作品を撮影し、コメントをつけて投稿することは日常の取るに足らない行為なのだろうか。本章では、まず一般的に「インスタ映え」に代表される動画や画像をSNSで発信する意味を整理する。そして作品を鑑賞したのちに生み出される観客の投稿は、価値の創造の点からどのような意味を持ちうるのか、それは投稿者が受容した価値の表現行為である可能性を論じる。

[1] 投稿は表現行為か

　自らが撮影し、投稿する、という行為は一体どのような意味を持つのだろうか。ジョン・バージャー（John Burger）は「イメージとはつくり直された、あるいは再生産された視覚だ。（中略）全てのイメージは物の見方を具体化する。写真でさえもそうである」（バージャー 1986：15）と指摘する。ウォルター・オング（Walther Ong）は「『百聞は一見にしかず』という言い方をよく耳にする。（中略）一枚の絵が千語に値するのは、ただ特殊な条件が満たされた時に限られる。つまり、一枚の絵が千語に値するのは、その絵について、あらかじめ千の語でコンテクストづくりがなされているときである」（オング 1982：23）と指摘した。遠藤薫は「『見たまま』の画像や映像はむしろ多義的である」とし、映像といえども、その個々にはカルチュラルな文脈があり、享受にはその文脈が極めて重要な役割を果たしている（遠藤 2008：56）とした。つまり、イメージを画像と置き換えると、画像はある見方を具体化したものであるが、その解釈には文脈の設定が必要である、ということである。これらを踏まえると、SNS映えとは投稿者が見たものを画像や動画という形で切り取る行為であり、撮影する、という一見表層的な行為の背後には、個々の文脈に根ざした何らかの表現や意思が存在しうる可能性がある。すなわち撮影者がその特定の瞬間や人物、物事を切り取り、画像を投稿することで、自覚的あるいは無自覚的な表現、物の見方、意思やメッセージが反映されている、ということである。しかしその投稿を見る側がその画像や動画の受容を正しくおこな

うには、文脈の理解が欠かせない。果たしてその文脈は投稿された画像などのコンテンツから見出せるだろうか。

　例えば投稿者のフォロワーであれば、投稿者の背後にある文脈の情報を、過去のやりとりや投稿を読むことによってある程度推察できる、いわゆるハイコンテクストなコミュニケーションが可能であろう。特にフェイスブックなど実名のアカウントでフォローしている場合、実際の生活でも接触があることも多く、文脈の理解は比較的易しいだろう。しかしそうではない場合、判断材料は少ない。文脈とは無関係のSNS映え投稿（例えばフォトジェニックな画像）も多数存在し、それらをどのように解釈すればよいのだろうか。

　天野彬は、「いいね！」したくなる文脈性の含まれた体験やシーンが刻印された「意味としてのSNS映え」を、美しさや驚きを感じさせるフォトジェニックな「存在としてのSNS映え」と区別している（天野 2017）。意味としてのSNS映えとは、投稿者とその投稿を見る側が、文脈の意味を共有した上で、その画像は投稿者の体験から発生する何らかの表現を伝え、見る側がその意味を受容して「いいね！」する、ということである。すなわちフォトジェニックな存在としてアート作品が扱われるのではなく、「意味としてのSNS映え」という視点で投稿に着目すると、フォトジェニックとまではいえない投稿に、アートの価値を自覚的／無自覚的に投稿者が表象していることを見出すのは、読者が投稿者の文脈を捉えることさえできれば、理論的には可能なのである。

　ドミニク・チェンは「社会情報を受け取り、その意味内容を解釈するという情報と人間との関係」を「情報の摂取」、「情報を見たり、読んだり、触れたり感じたりする時、その認知の過程で意味を自ら生み出し、自ら内部で生まれた意味を他者つまり自己の外部に向けて発信する行為」を「情報の表現」と呼んでいる（チェン 2015：92-119）。チェンの主張を地域型芸術祭での作品鑑賞において援用すると、「情報の摂取」として、作品展示の場で経験するサイトスペシフィックな文脈、アーティストやキュレーターの意図や芸術祭の目的、SNSで検索した他の観客の投稿など、さまざまな自分とは異なる文脈を認知し、それらと自らの文脈がクロスしなが

ら、芸術祭や作品に対して新たに生成される意味を認知する。それらを発信することが「情報の表現」ということだ。つまりアートを含めた多様な文脈と自分の文脈が交わり、意味づけされた結果、生まれた自己表現が投稿で共有され、読者による投稿者の文脈の理解と一致すれば、それが「意味としてのSNS映え」になるのである。

つまり「意味としてのSNS映え」が成立するには2つのプロセスがある。1つは投稿者が作品からの刺激と、さまざまな文脈の交差と経験に基づく内部状態と外部環境によって価値づけがされる「情報の摂取」のプロセスである。これはすでに「コミュニケーション・デザイン戦略」の枠組みで可能性を示した。もう1つは知覚した価値が投稿によって表現され、読者の文脈の理解と一致する、という「情報の表現＋文脈の一致」のプロセスである。

[2]「SNS映え」投稿の課題と限界

しかし、そもそもアートプロジェクトや芸術祭における作品の「SNS映え」投稿に、投稿者が作品の価値を捉えて受容した表象を見出すことはできるのだろうか。多くの表現は極めて個人的であり、個人的な内部の変化を読み取るための文脈情報もないのが普通である。他人にとってまさに「取るに足らない」投稿に見える可能性がある。

中村美亜は「芸術的アウトプットはその意味を直接示すのではなく、意味の可能性（アフォーダンス）を供与し、人は芸術活動（制作・鑑賞）に関わる過程において、その意味を見出す方法を獲得する（中村 2018：30-35）」と論じている。地域型芸術祭などで展示される作品は、一般的な商材と違い、直接的な意味や体験をわかりやすくは提示しない。さらにただ単に鑑賞するだけでは、中村の指摘する「芸術活動の関わりの中でその意味を見出す方法」を獲得するのは、いわゆるアートとの関係性や自律性、作品が生まれた芸術的文脈を理解する能力がない場合は難しい。そのためか地域型芸術祭におけるSNS映えは、有名な作品（例えば草間彌生の作品など）や、記号としてわかりやすいスペクタクルな作品、あるいはアート以外の要素の体験、例えば地域の食など「存在としてのSNS

映え」である投稿が目立つ。それらは確かに投稿者にとって、体験のストックとしての意味はあるだろう。しかし取るに足らない、と片付けるべきものなのだろうか。例えばそれまで自分にとって価値を見出さなかったものが価値を持ち、世界の見え方や関係性が変わる、という点においてその体験があったとしても、その表現がテキストとして書かれていなければそれらを投稿から明確に見出すのは難しく、地域型芸術祭で展示される全ての作品に対して、誰しもが同じような体験をするわけでもない。さらにSNS投稿から読み取れる表現の限界に関する問題もあるだろう。この点についてはチェンの「その設計や利用形態からして長文を書くことに向いていないスマートフォン上では、熟考を重ねながら根気強く表現を構築するというような行為を十分に支援するような仕組みが足りない（チェン 2015：104）」という指摘はうなずける。ゆえにこの「熟考」をどのように鑑賞の場でデザインできるかは、すでに第2章で詳しく考察した。しかしながらそれでもSNSの画像投稿だけでは投稿者の「表現」意図を理解するのは難しいだろう。この「表現の意図と文脈の一致」がまず課題となる。

　では「表現の意図と文脈の一致」を促す「テキスト」の問題を取り上げたい。筆者が2017年に石巻で開催された「Reborn-Art Festival（リボーンアートフェスティバル）」に参加し、東京での関連スピンオフイベントに参加した6名にSNS行動について個別取材インタビューをおこなった際、もともとはアートではなく、復興支援への興味からボランティアで参加した人たち2名（40代および50代男性）が、「作家の表現に触れて今までとは見え方が変わった経験をした」と発言したにもかかわらず、SNSでは作品やアートに関わる投稿はしていなかった。その理由として、「実は文章で起こしちゃうと平たくなっちゃう。そうなると文字では表現しきれないことがあるのかな、私たちは小説家ではないから書けないし、それなら写真で見て、と思います」「面白いなあと思うけれど、具体的に表現する言葉を持ってないし」と語っていた（佐野 2018：28）。つまり各人なりの「意味を見出した」ものの、アート体験が少ない人は、それを投稿でうまく表現する言語と術を持たない（と本人たちが自覚している）問題がある。

確かにアートに馴染みのない一般の人たちによる投稿に添えられる言葉は「きれい」「楽しい」「心地いい」「面白い」「よくわからない」など表層的であることが多い[2]。アートにまつわる感覚を言葉で表現することができるのは、それこそ芸術分野毎に定められている歴史的な慣習（プラクティス）や文脈を熟知した評論家や批評家、作品や実演を各芸術の歴史の中で意味づけをおこなう学芸員、キュレーターなどが一義的には考えられる。しかし現代アートの礎を作ったマルセル・デュシャン[3]は「アートの美的評価は二つの極をもつ現象によって決まる。第一の極は生産する芸術家、もうひとつの極は鑑賞者である」とし「時には鑑賞者が解釈によって芸術家が思いも寄らなかったものを増大させる（シャルボニエ 1997：95-97）」と鑑賞者による受容や解釈の価値を認めている。一般の人びとの言語表現は、アートを職業とする彼ら、さらに広くとってアートファンなどアート文脈に属する人びとの言語表現には及ばないかもしれない。しかしテキスト表現の１つの可能性としてシンプルな言語で表現される「#（ハッシュタグ）」（以後〈#〉と表記）には一般の人びとにも表現の文脈を示すものとしての可能性があるのではないか。〈#〉は比較的共通のテーマによるタグづけによって、他の人が検索できる目印のようなもので、写真でいうキャプションのようなものである。主にツイッターとインスタグラムで使われることが多く、一言あるいは短文など短い言葉で自由に作成し、複数個つけることができる。インスタグラムでは、投稿者が動画や画像をどう受容してもらいたいか、あるいは画像とともに〈#〉による自分の意見の表明も散見される。

そもそもインスタグラムは「画像・動画といった視覚情報やタグ情報を中心とした、ユーザー間によるコミュニケーション構造（坂田 2016：27）」と一般に定義されている。そのため「画像」だけでなく「タグ情報」としての「ハッシュタグ」をコミュニケーション表現として考える必要があるだろう。つまりSNS投稿の画像には体験のストックとしての意味だけに収まらず、そもそも投稿者自身の文脈や、地域型芸術祭で知覚するさまざまな文脈とのぶつかり合いと分かち合いを通した、投稿者の受容や解釈を示す可能性があるのだから、その表現行為の一部としてのハッシュタグにも可能

性があるはずだ。

3.「＃（ハッシュタグ）」と「画像」の自己表現化

　筆者は以前、代表的な地域型芸術祭の1つである「大地の芸術祭[4]」からチリのアーティストであるエマ・マリグ[5]による2018年に新作として発表された「アトラスの哀歌」を事例として、SNSにおける写真とテキスト表現の分類について考察したことがある。アート体験を表現するテキストを作り出すことは、一般的な観客にとって困難ではあるが、ライトな言語表現で短いテキストである〈＃〉に注目し、これらが文脈を整理する記号としての機能や、発信の際の分類や使い分けの調査をおこなった（佐野2020：71-89）。

　調査ではまず主催者の広報用画像と、観客がインスタグラムに投稿した画像の角度や距離、構成における違いを比較検証した。角度、距離、構成そのほかの点で何かしら投稿者なりに試みた工夫が見られれば、自己表現の芽生えと解釈した。さらに観客の投稿画像につけられた〈＃〉を分析した結果、以下のことが明らかになった。

1. 「＃固有名詞」（例えば＃芸術祭名、＃作家名、＃地名や設置場所など）は、投稿者が画像や動画を体験のストックとして自身の記憶に留めるためのキーとなり、のちに想い起こすためのキーワードとなり、かつ整理するための分類ワードである。同時に拡散や共有の目的も含む。
2. 拡散を目的とするジャンルの括りやインスタグラム独自のコミュニティを示す〈＃〉（例えば＃artや＃ファインダー越しの私の世界）は、共同体ネットワークやその文脈に属すことを望む意思である。それは自らのアイデンティティの生成と確認の意味も内包する。
3. 一方で、「＃炎天下チャリで巡ったらあの世に迷い込みそう」「＃人間は自然に内包される」「＃放浪亡命移動」などのように、自由に個人が見出したものや、芸術祭やホームページで紹介されている作品コンセプトを〈＃化〉したもの、自らの些細だけれども独特の視点や刺

激を受けた瞬間に思い巡らせた妄想など、観客の創発性の片鱗を表しているような〈#〉も存在する。

これらの中でも3についてコミュニケーションの開発の余地を見出すことができるのではないだろうか。他の2つの分類に関してはアーカイヴ整理のための情報、またはコミュニティに属すためのワードであるために、ある程度の蓄積されたルールらしき存在を読み取れる（#＋固有名詞、#＋インスタでよく使われているコミュニティ名など）。しかし3つ目の分類の〈#〉では、自由に投稿者の意思を表現することができる。〈#〉は短い言葉なだけに、余白を残し、投稿を読む者は画像との関係を理解しようと想像力を働かせる。同じ写真でも全く違う短い言葉が添えられていると、その写真の意味と解釈が全く変わってしまう、という手法は特に広告コピーでは多用されている。いわゆる言葉遊びやキャッチコピーのように〈#〉を使うのである。日本でも短い言葉で表現し、想像力と創造力を働かせる芸術として俳句や短歌などが挙げられるように、馴染みのある表現手法であろう。

例えば作品制作や芸術祭のコンセプトを含んだ多様な文脈を意図的に〈#化〉し、主催者側から提示、問いかけて投稿に組み入れてもらい、投稿者の熟考を促すキャンペーン・デザインとして「大地の芸術祭」と新潟日報との共同キャンペーン#（#ココロウゴクツマリ）が参考になる。本キャンペーンでは、主催者から「心が動いた瞬間」を問いかけ、写真とエピソードを投稿するキャンペーンをおこなった。これは投稿者がこれまで見てきた作品で心動いた瞬間は何だったか、と考え、振り返る瞬間を提供する〈#〉である。投稿を読む側も、「この画像が示す作品のどこに投稿者は心が動いたのであろう」と考えさせられる。このように動画・画像やテキストと〈#〉の間に生じる意味の余白に、投稿者の表現力と読者の想像力を使い、それぞれが自分なりの解釈を重ねることを促すキャンペーンのデザインは高度である。しかし観客の「表現」の誘発と文脈の理解を導くツールとして大きな可能性がある。

4. 「無人駅の芸術祭」の観客の創発性は促されたか

　では実際に「コミュニケーション・デザイン戦略の枠組み」で「情報の摂取」をおこなった観客は、果たして「表現する」創発性は促されたのか、画像表現と「文脈」の関係を〈#〉を手がかりに検証を試みる。

[1] 調査概要

　本芸術祭に参加し、実際にSNSで投稿をおこなったSNSユーザーが、画像や〈#〉を通してどのような表現を意識したのか分析をおこなう。調査対象者は、インスタグラム上に「#無人駅の芸術祭（2020年6月24日時点、累計822投稿）」および「#無人駅の先のワンダーランド（2020年6月24日時点、累計173投稿）」のどちらか、もしくは両方のハッシュタグを付けて投稿したユーザー、並びにフェイスブック上で本芸術祭の投稿をした本芸術祭公式アカウントのフォロワーの中から28名を無作為に抽出し、本芸術祭事務局のアカウントから、または筆者の個人アカウントからダイレクトメッセージでアンケートの回答依頼をしたところ、計12名より回答を得た。

【調査実施日】
2020年5月11日、12日、6月15日、6月24日
【調査方法】
Googleフォームによるオンラインアンケート形式
【調査デザイン】
〈#〉に関する質問群と投稿画像に関する質問群の2群構成とした。〈#〉に関する質問群では「無人駅の芸術祭」を〈#〉で表現してもらい、そのように表現した理由、さらに芸術祭で過ごした時間や経験を新たに〈#〉形式で言語化することで「投稿者が感じたことの〈#化〉」の可能性を探った。

[2] 写真投影法

　投稿画像に関する質問群では、面接調査の技法の1つである「写真投影法（Photo Projected Method）」を参考に質問をデザインした。写真投

影法とは野田正彰が提唱した心理学の分野における「写真による環境世界の投影的分析方法」で、調査対象者にカメラを渡し、何らかの教示を与え写真を撮らせ、写真に撮られたものを、自己と外界との関わりが反映されたものと見なすことによって、認知された環境（外）と個人の心理的世界（内）を把握、理解しようとする方法と定義されている[6]。つまり調査対象者が撮影した写真から、個人の環境に対する意味づけを読み取ることができ、さらに調査対象者が自分の撮影した写真を用いて語ることで、言語化が促進される。写真が概念化装置となり、調査対象者の意識や活動の実態、社会との関わりを知ることができる（岡本 2010：64-65）。

　本アンケートでは回答者の実際の投稿から、回答者自身が最も「無人駅の芸術祭」が表現できていると感じる写真を1枚選び提示してもらった。その上で最初の印象や撮影の際に切り抜きたかった内容や感覚、なぜそう思ったのか、撮影した写真に収められている作品や風景を味わう時間や感覚の有無や説明を問う質問、投稿に実際に添えた〈#〉、添えなかった場合は改めて自分が表現したい〈#〉、自身のフォロワーからのいいね！やコメントにおける反応の違いなどについて記述を求めた[7]。

［3］事例―コード・マトリックス分析

　サンプル数が12例と少ないため、研究対象となる現象について重要なカギとなるような中核的な概念的カテゴリーを選び出し、それらのあいだの関係を何らかの概念モデルとして描き出す手法として、事例を横軸、コードを縦軸にして文書セグメントを位置づける質的研究手法の「事例―コード・マトリックス」を分析に使用した[8]。事例―コード・マトリックスは、質的データを事例（個々のケースやイベント）とコード（テーマやカテゴリー）の両方で整理する方法である。データを事例ごとに整理し、それぞれの事例がどのコードに関連しているかをマトリックス状に示すことで、テーマやパターンの発見、特定の事例の重要性の特定、データの可視化に役立つ。

　佐藤郁哉は本手法を、物事や出来事について単に記述するだけでなく何らかの形での説明を提供することができる概念モデルをつくりあげ、ま

たその概念モデルをもとにしてストーリーの骨格を明らかにして「再文脈化」の道筋をつけていく上でしばしば重要な手がかりを提供する（佐藤 2008 : 62）としている。

[4] 分析と考察

　アンケート回答者のうち8名（67%）がフォロワーであった。4名が地元、8名が地域外出身であった。また普段投稿しているトピックは主に「アート以外」と回答した者が75%を占めた。普段投稿しているトピックについての回答とアート（他の文化芸術分野も含める）の鑑賞頻度の回答と併せて、アートとの自己関連性の高さを判断したが、基本は半年に1〜2回および年に1〜2回は「低」に、月に1回程度は「中」、月に2回以上は「高」として分類している。本芸術祭の主催者が重視している、地域の人びととの交流体験の自由記述は、多少の交流がある場合は「中」、回答者にとってインパクトのあったような記述や回数が多いと見なせる回答は「高」と判断した。

　サンプル数が少ないため、定量的な裏づけはできないが、傾向としては「内」（大井川周辺地域および島田市内）からの人たちは地域との交流に対して自然な態度である（例えば「すれ違ったご近所の散歩されていたおばあちゃんとお孫さんとお話ししました」など）が、「外」（それ以外の地域）からの人たちは交流に比較的強い関心や積極性がコメントから伺えた（例えば「サヨばあちゃんの休憩所で、サヨばあちゃんとボランティアのかたや常連さん？　と楽しくお話しさせていただきました。また境界の遊び場では、たぶん地元の方？　と他の地域のから来た方と、電車を見ながら世間話をしながらダラダラ過ごせたのがよい思い出です」など）。

　前述したように調査は大きく〈#化〉に関する質問群と、後述する写真投影法による分析を目的とした投稿画像に関する質問群の2つに分けている。表10および11に全回答とコーディングの分類結果を示す。

　〈#化〉に関する質問群（表10）では以下のプロセスで分析できるように質問を配置した。まずは「本芸術祭そのもの」を〈#化〉してもらうことで、本芸術祭をどう捉えているのか、認知の結果を問うた。次にその表現の

表10-1 調査結果【ハッシュタグ化】フォロワーの回答 コーディング①

回答者	フォロワーか否か	アートとの自己関連性	交流体験	地域との近さ	「無人駅の芸術祭」を自由に、あなたが感じるまま#化して表現してください。	そのように表現した理由を教えてください。	
意図					芸術祭をどう捉えているか	認知ポイント	コーディング①
A	はい	低	中	内	#日常の中の非日常	そこにいつもあるものの中に芸術がいつもない気持ちにさせてくれるから。	内的感覚
B	はい	中	なし	外	#ふれあい #地域密着	今回は特に、コロナの影響を受けて自粛ムードがあるなかで、難しい判断だったとは思いますが、地域に元気をあたえるためにとても素晴らしいことだと思いました。	ミッション
C	はい	中	データ欠損	内	#地元再発見	田舎、自然、何も無いと思いがちな地元に新しい風が吹いた気がします。	ミッション
D	はい	低	中	内	#大自然の中に生まれる新しい命や出会い	普段あまり足を運ばない地域に芸術祭を通じて訪問させて頂き、作品を通して無人駅や周辺に命が吹き込まれ、作品や人との出会いがあり、それが大自然の中でというのがまた素敵です。	想像
E	はい	高	高	外	# fogfogwonderland	無人駅の先のワンダーランドって、うまい表現だと思っていました。まさにそうだと思います。現役の無人駅は、地域の暮らしに今も根付いているものですが、無人であることで、生活以外の隙間を受け止めてくれるような余白を感じます。有人で利用者の多い駅は、利用者以外の滞在を歓迎していない気がして。余白から生まれる、歴史や文化や地域への妄想、自由な過ごし方、自由な交流、そこから広がる何かが楽しい。なんとなく、霧に包まれている世界に飛び込んで何かを見つける楽しさと似ている気がして、かわいく？表現してみました。	自己表現
F	はい	高	高	外	#無人駅の現代アート	芸術祭よりも規模が小さいからです。	描写
G	はい	低	中	外	#人	コミュニケーションの一つだとなった。	描写
H	はい	中	高	外	#アートを通して地域に触れる	アートがあることで、地域の個性が強調されて感じられるから。	ミッション

コーディング②

回答者	フォロワーか否か	アートとの自己関連性	交流体験	地域との近さ	あなたが芸術祭で過ごした時間や経験を自由に#化して表現してください。	
意図					体験の表現化	コーディング②
A	はい	低	中	内	#有意義　#旅　#刺激	感覚の表現
B	はい	中	なし	外	#スローライフ　#ふるさと	時間の感覚
C	はい	中	データ欠損	内	#タイムスリップトリップ	時間の感覚
D	はい	低	中	内	#思春期息子との二人旅	体験の表現
E	はい	高	高	外	# wonderland	感覚の表現
F	はい	高	高	外	#自然とアート	描写
G	はい	低	中	外	#子どもとの時間	時間の感覚
H	はい	中	高	外	#自然の偉大さ　#山と川と里の美しさ　#癒し　#瞑想	描写・感覚の表現

　理由を聞き、認知のポイントを明らかにした。以上２つの回答からコーディングをおこない、概念化した（コーディング①）。結果、自分の中に沸き起こった感情に焦点を当てた〈#〉を「内的感覚」、地域にアートが入ることで変化を感じている、ミッションに比較的近い表現は「ミッション」、作品や芸術祭から自分が知覚したことを相対化させながら表現した「想像」、作品を直線的に捉えて感じたことを表現した「描写」、そして独創的に考えて自分なりの表現を考えた「自己表現」に分類することができた。非フォロワーの回答者Lを例とすれば「芸術祭そのもの」の〈#〉は「#人間に戻ろう、#ココロの解放区、#無人駅には物語がある」、認知ポイントとしての理由は「ローカルの良さが、地元の人と話すことで身にしみるようだった。（中略）『生きる』という日常が頭の中ではなく体で感じていると思った」と回答し、コーディング①は「想像」となった。

　続く質問では本芸術祭で過ごした「時間や経験」に質問の焦点を狭めた形での〈#化〉を聞いたところ、回答のコーディングとして「感覚の表現」「時間の感覚」「体験の表現」「描写」に分類することができた（コーディング②）。同じく回答者Lを例にすると、〈#〉は「#非日常は日常」「#日常は非日常」「#ココロが帰る場所はココ」で、コーディング②は「感覚の表現」となった。

表10-2　調査結果【ハッシュタグ化】非フォロワーの回答　コーディング①

回答者	フォロワーか否か	アートとの自己関連性	交流体験	地域との近さ	「無人駅の芸術祭」を自由に、あなたが感じるまま#化して表現してください。	そのように表現した理由を教えてください。	
意図					芸術祭をどう捉えているか	認知ポイント	コーディング①
I	いいえ	低	中	外	#癒し	田舎に流れる静かな時間を過ごせました。	内的感覚
J	いいえ	低	中	内	#サトゴシガンします	自分も預かりたかった	内的感覚
K	いいえ	低	中	外	#癒され Time #こんな所にこんな物があるなんて	久々に大井川鐵道の無人駅に行き癒されて芸術祭でほっこりしました。	内的感覚
L	いいえ	高	高	外	#人間に戻ろう #ココロの解放区 #無人駅には物語がある	ローカルの良さが、地元の人と話すことで身にしみるようだった。一次産業に従事する人が多いと思うのですが、「生きる」という日常が頭の中ではなく体で感じている（足が地に着いている）と思った。	想像

コーディング②

回答者	フォロワーか否か	アートとの自己関連性	交流体験	地域との近さ	あなたが芸術祭で過ごした時間や経験を自由に#化して表現してください。	
意図					体験の表現化	コーディング②
I	いいえ	低	中	外	#自由 #癒し	感覚の表現
J	いいえ	低	中	内	#芸術鑑賞夕暮れ一人旅	体験の表現
K	いいえ	低	中	外	#近場をドライブ　#癒され空間	体験の表現
L	いいえ	高	高	外	#非日常は日常　#日常は非日常　#ココロが帰る場所はココ	感覚の表現

　回答結果においてフォロワーであることとコーディング分類の関連性は見られなかった。唯一本調査で明白であったのはフォロワー3名（回答者B、C、H）が〈#化〉において「ミッション」とコーディングできる表現内容であったことが挙げられる（例えば回答者Cの「#地元再発見」の理由を「田舎、自然、何も無いと思いがちな地元に新しい風が吹いた気がします」と述べている）。

　フォロワーか否か関係なく3名（回答者D、E、L）が「自己表現」「想像」とコーディングできる表現内容であったことから、数は多くないかもしれな

いが、主催者から問いかけなくとも、内発的動機さえあれば、〈#〉で自分の感じたことを相対化させて表現できる人はSNSユーザーに存在していることが伺える。

　また芸術祭そのものの〈#化〉より「芸術祭での時間、経験」にテーマを絞って聞くと「感覚」「時間」「体験」を軸に、投稿者の感じた表現で、投稿画像とともに読み手に投稿者のパーソナルな体験に想像を働かせることのできる表現を見出すことができた。例えば回答者Gの投稿例（画像7）を取り上げると、写真と〈#〉のみ、写真は自宅の玄関らしき前で子どもが、さとうりさの作品「地蔵まえ3（サトゴシガン）」と遊んでいるところを切り取ったものである。回答者はこの写真が本芸術祭を最も表現する写真として選んだ（後述）。本芸術祭の〈#化〉は「#人」そして芸術祭で過ごした時間や経験の〈#化〉は〈#子どもとの時間〉と回答した。〈#人〉と比較して〈#子どもとの時間〉の方が、投稿者にとっての〈#子どもとの時間〉とも、このサトゴにとっての〈#子どもとの時間〉とも読み取ることができ、読み手の想像が広がる。

画像7　回答者Gの実際の投稿（表11内写真④）〈#子どもとの時間〉は投稿者の文脈がより明確になる。

　上述のような事例は全ての回答者の投稿に当てはまるわけではないが、回答者A、DやGなど非アート文脈やアート初心者（アートとの自己関連性が「中」や「低」の分類の回答者）にとって〈#化〉は言語化表現の障壁を低くする可能性があるといえよう。さらに重要なのは、投稿画像の

表現の文脈がより明確になり「意味としてのSNS映え」につながる可能性が高まることだ。

［5］投稿画像の表現意識

写真投影法による分析を目的とした投稿画像に関する質問群（表11）では、まず回答者の投稿から1枚、本芸術祭を最も表現できていると感じる投稿画像をあげてもらい、写真を撮影した際の第一印象を聞き、その回答をコーディング（コーディング③）した。さらに画像の認知ポイントとして何を切り取ろうと考えたのかを聞き、関心の先を明らかにした。なぜ第一印象のように思ったのかを聞くことで認知の言語化を図り、さらに画像の中に存在する「作品」や自然などの「風景」を味わった感覚など、いわゆる作品や環境にフォーカスを当てて言語化を図った。こうしたさまざまな角度からの言語化の作業を通して、アンケート方式でも認知の深層を探り出せるようにデザインし、これら3つの質問の記述回答を総合的に判断してコーディングをおこなった（コーディング④）。

次に投稿の際に回答者本人が感じた感覚を〈#〉で表現してもらった。この部分に関しては、実際に投稿につけた〈#〉でも、回答時に改めて感じた表現でも可とした。この〈#化〉の質問の意図は、表現そのものの検討ではなく、先の質問でコーディングした③が④に接続しているか、その表現にたどり着くプロセスを探るための質問とした（コーディング⑤）。

また「意味としてのSNS映え」としてフォロワーの文脈で投稿はどのように捉えられたのかを探るために、回答者の投稿に対する回答者のフォロワーの反応を聞く質問を最後に配置した。

第一印象の回答についてのコーディング③では、これまでの自分の経験値の内で感じた感覚を言葉にした「内的感覚」、見たものを形容した「描写」が主に見出され、発想を飛ばした「想像」は1例のみだが見出すことができた。

コーディング④では、主に「幸福感の表現」「描写の分析と感覚表現」「受容の感覚」「自己表現欲求」の4種類に分類した。例えば回答者Cは第一印象では「お茶と縁側でほっこり」と自己の内的感覚を語ったが、そ

の認知ポイントは「甥っ子達の楽しそうな姿」であり、その姿を見て「芸術なんて分からなくても楽しめるってことがアートかなぁと」と感じた気持ちと、その作品に対する言語化として「ここでお茶を飲んだりもっとゆっくり時間の許す限り寝転がったりしたいなぁと思いました」と記したことから、自身の体験を通して味わった幸福な気持ちを素直に表現している。「受容の感覚」は、例えば回答者FとGは、自分の求めるイメージと同一

表11-1　調査結果【投稿画像の表現意識】コーディング③

回答者	フォロワーか否か	アートとの自己関連性	交流体験	地域との近さ	ご自身が最も「無人駅の芸術祭」が表現できていると感じる投稿写真を1枚お選びください。	その写真を撮影した際の最初の印象を教えてください。	
					投稿	第一印象	コーディング③
A	はい	低	中	内	写真①	たのしい。	自己の内的感覚
B	はい	中	なし	外	写真②	普段じゃ絶対に歩くことができない場所を芸術祭を通して、感じることができる。	描写
C	はい	中	データ欠損	内	甥っ子達と縁側	お茶と縁側でほっこり。	自己の内的感覚
D	はい	低	中	内	リンクをコピペできず	綺麗。	描写
E	はい	高	高	外	写真③	きらきら。	描写
F	はい	高	高	外	データ欠損(ホームページへのリンクだったため)	ポスターと同じだなぁー。	自己の内的感覚
G	はい	低	中	外	写真④	面白い。	自己の内的感覚
H	はい	中	高	外	データ欠損(ご自身のPC内格納場所へのリンクだったため)	夕焼けや景色が綺麗。久しぶりに心静かな時間が過ごせた。世の中コロナが流行り出し大変な事態になろうとしているけど、この時間、この場所では世の中の人間のゴタゴタと離れていられる。	自己の内的感覚
I	いいえ	低	中	外	写真⑤	気持ちが良い!	自己の内的感覚
J	いいえ	低	中	内	サトゴシガン	不思議な感覚。	自己の内的感覚
K	いいえ	低	中	外	写真⑥	秘密基地発見!　宇宙人はいませんでしたが、本物の地球人見つけた気がしました(笑)。	想像
L	いいえ	高	高	外	データ欠損(すでに削除されていたため)	360度茶畑。	描写

表11-2 調査結果【投稿画像の表現意識】コーディング④

回答者	ご自身が最も「無人駅の芸術祭」が表現できていると感じる投稿写真を1枚お選びください。	その写真を撮影する時、特に何（どこ）を切り取りたいと思いましたか？	なぜそのように思いましたか？	その写真に写った作品や風景などを味わう時間や味わっている感覚はありましたか？ あった場合、それはどういう瞬間でしたか？	
	投稿	認知ポイント	認知の言語化	作品と環境の言語化	コーディング④
A	写真①	空や背景と芸術	違和感の美	うまく伝える言葉がありません。	描写の分析と感覚表現
B	写真②	ふるさとを感じられる空気感	非日常を感じられるから。	全体の情景から感じられることがあった。	描写の分析と感覚表現
C	甥っ子達と縁側	甥っ子達の楽しそうな姿	芸術なんて分からなくても楽しめるってことがアートかなぁと。	ここでお茶を飲んだりもっとゆっくり時間の許す限り寝転がったりしたいなぁと思いました。	幸福感の表現
D	リンク不可	虹とヒカリ	こんなに無数の虹に出会えることがないから。	角度をかえるとキラキラと輝く虹の表情も変わり、生演奏の音楽もあり、最高でした。	幸福感の表現
E	写真③	きらきらした春の陽射しと、柔らかなオーガンジーとサテンの布	単純に綺麗だと感じたのと、この平和で美しい世界は、人々の辛い時間や労働から出来上がっているもので、その対比が物悲しく感じたので。	作品を見ている時間と、小屋の中の手記・写真を読んでいる横でオーガンジーの布が風にそよいでいた瞬間。	描写の分析と感覚表現
F	データ欠損（ホームページへのリンクだったため）	駅舎とアート	無人駅の芸術祭っぽいから。	汽車が通った瞬間、無人駅の芸術祭っぽいなーと感じました。	受容の感覚
G	写真④	日常	いつもの写真。	自然。	受容の感覚
H	データ欠損（ご自身のPC内格納場所へのリンクだったため）	光	ちょうど日没の時間だったので、みるみる昼の世界から夜の世界に変わっていく様子に感動したので。	みるみる昼の世界から夜の世界に変わっていく瞬間、光、虫、匂い、風。	自己表現欲求
I	写真⑤	モデルさんが元気よいところを強調したかった。天空の縁側にマッチした自由感を表現。	コロナで疲弊している時期だったので、この解き放たれた感が気持ち良かった。	太陽や風が気持ち良かったのを、写真を見返しても思い出されます。	自己表現欲求
J	サトゴシガン	駅舎の改札口から見えるサトゴシガン	「何かいる」を表現したかった。	無人駅という場なので、当然人もいないところで、自分なりにその被写体を自由な角度で障害となるものがなく撮影できた。	自己表現欲求
K	写真⑥	光と自然植物・炙り出されたモクモク煙・人が奏でる音が妙に懐かしくて異空間でした。	子供の頃に田畑山を駆け回るのが好きだったかも…	難しい事は語れませんが、あの山を囲む場所に基地感のある演出により自分が何処に居るか不思議な感じがしました。	自己表現欲求
L	データ欠損（すでに削除）	空中の縁側と茶畑	天気も良く、爽快な気分になれたので。	ありました。ボブ・ディランの「風に吹かれて」の気分。	描写の分析と感覚表現

表11-3 調査結果【投稿画像の表現意識】コーディング⑤

回答者	ご自身が最も「無人駅の芸術祭」が表現できていると感じる投稿写真を1枚お選びください。	その写真を投稿する際、最も自分の感じた感覚を表している#をご記入ください。		投稿後、フォロワーからの「いいね！」やコメントについて、普段のご自身の投稿記事と比べて反応の違いはありましたか？
	投稿	表現化	コーディング⑤	反応
A	写真①	#懐郷	非接続	特になし。
B	写真②	#非日常 #おいしい空気	接続	特には感じませんが、まだまだアートの魅力に気づいてない方やアートといわれるだけで抵抗がある方も多くいると思います。
C	甥っ子達と縁側	#勝手に川根観光大使	非接続	特になし。
D	リンク不可	#虹と光と風と音	接続	素敵な写真が多くあったので、行ってみる！と言ってくれた方がいました！
E	写真③	#光と影	接続	上記の投稿は小難しい内容だったと思うので、普段よりも反応は薄かったです。逆に、その他の作品紹介は普段よりも反応が良かったです（笑）。
F	データ欠損（ホームページへのリンクだったため）	特にない	なし	特になし。
G	写真④	#子どもと	接続	特になし。
H	データ欠損（ご自身のPC内格納場所へのリンクだったため）	#今日の日の入り #影の変化 #グラデーションがきれい	接続	いつもの投稿よりも比較的「いいね」がついた。96いいね。
I	写真⑤	#大声で叫びたい	接続	特になし。
J	サトゴシガン	#無人駅アート	接続	特になし。
K	写真⑥	#秘密基地 #覗きたくなる	接続	特になし。
L	データ欠損（すでに削除）	#空中縁側にころがる	接続	公開モードの投稿には、知らない人からのいいねが付いたりシェアされました。特に iMovie の予告編作成機能で作ったショートムービーは反響がありました。

　の風景がそこにあり、それを切り取った写真で（回答者Fはメインビジュアルのことを指している）、それぞれ「無人駅の芸術祭っぽい」「自然」（筆者追記：環境の自然ではなく、回答者にとって自然に思えた、と感じたことを意味していると解釈した）と表現していることから「受容の感覚」としている。

　この調査で興味深いのは回答者H、I、J、Kの回答である。アートとの自己関連性について回答者Hは「中」だがそれ以外の3名はいずれも「低」である。特に回答者Iを取り上げて説明してみよう。写真の撮影対

象の第一印象は、回答者Ⅰ「気持ちが良い!」と「自己の内的感覚」を挙げている。ところが「その写真を撮影する時、特に何（どこ）を切り取りたいと思いましたか？」の回答の理由として、その感覚を言語化して表現しようとする意図を感じることができる（回答者Ⅰ「コロナで疲弊している時期だったので、この解き放たれた感が気持ち良かった」）。そしてコーディング⑤ではそのような表現意図が端的に接続した〈#化〉（回答者Ⅰ「#大声で叫びたい〉になっていた。表10の芸術祭やそこでの体験の〈#化〉において、回答者Ⅰは比較的単純で、読み手に想像させる余白が少ない表現（回答者Ⅰ「#自由#癒し」）であったが、写真投影法をベースとした投稿画像に関する質問では、写真を撮影した視点や感覚がこのように明確に記されていた。その感情と素直な表現が〈#〉に表れていると解釈できる。ただし〈#〉そのものに読み手にそこまで深い感情を読み取らせることが可能であるかは別としても、非アート文脈やアート初心者は言語化に長けていなくても、画像であればそこに自己表現欲求が存在していることを理解することができよう。

　画像8ではいくつかの投稿画像事例を示している。枠内はアンケート回答における撮影時の認知ポイントと〈#〉による表現化の回答を記した。

画像8　回答者の実際の投稿画像　表11内の写真①（以下同じ）

回答者Aの実際の投稿

空や背景と芸術
↓
#懐郷

写真②

回答者Bの実際の投稿

ふるさとを感じれる空気感
↓
#非日常
#おいしい空気

写真③

回答者Eの実際の投稿

きらきらした春の陽射しと、柔らかなオーガンジーとサテンの布
↓
#光と影

写真⑤

> モデルさんが元気よいところを強調したかった。
> 天空の縁側にマッチした自由感を表現。
> ↓
> #大声で叫びたい

写真⑥

> 光と自然植物・炙り出されたモクモク煙・人が奏でる音が妙に懐
> かしくて異空間でした。
> ↓
> #秘密基地
> #覗きたくなる

最後に回答者のフォロワーからの反応の質問では、回答者D、H以外は「特になし」と回答した。本調査で回答者は「本芸術祭が最も表現できている投稿写真」を選んだが、フォロワーにはそうした投稿者の表現意識を、あくまでライトな選択的同期として受容しているに留まっているかもしれない。

[6] 情報の表現と文脈の一致

　「意味としてのSNS映え」が成立するには、投稿者が作品からの刺激を受容した結果、さまざまな文脈の交差と経験に基づいて価値づけがされる「情報の摂取」のプロセスと、知覚した価値が投稿によって表現され、読者の文脈の理解と一致する、という「情報の表現＋文脈の一致」の2つのプロセスがあると指摘した。

　投稿者は作品に対峙して感じた感覚、感情、意味解釈を、無自覚ながらも自己表現の手がかりとしてハッシュタグと画像を組み合わせて投稿を作成する場合がある。そのハッシュタグと画像に込められた投稿者の「無自覚な表現意識」を、読み手が理解し、文脈が一致するとは限らない。一致させるためにも、主催者が作品や芸術祭のコンセプトを含んだ多様な文脈を意図的に〈#化〉し、提示、問いかけて投稿者と読み手両方に熟考を促すようなキャンペーン・デザインによって文脈を一致させる可能性を指摘した。そのような可能性を検証するために「#無人駅の先のワンダーランド」という〈#〉を設定し、投稿キャンペーンを実施したが、実際にはインスタグラムにおいて〈#無人駅の芸術祭〉は2020年6月24日時点、累計822投稿だったのに対して〈#無人駅の先のワンダーランド〉は2020年6月24日時点、累計173投稿と数量的には成功したとは言い難いキャンペーンではあった。

　〈#化〉に関する分析では、〈#〉で自分の感じたことを相対化させて表現できる人は、数は多くなくとも存在し、「芸術祭」そのものについてではなく、「芸術祭での時間、経験」のような、より具体的で特定の体験の表現を促すことで、読み手が投稿者のパーソナルな体験に想像を働かせることのできる〈#〉が生まれる可能性を示した。このような〈#化〉が、非アー

ト文脈やアート初心者の言語化表現への障壁を低くするのではないかと指摘した。そして最も重要なのは〈#化〉により、読み手にとって投稿画像の表現の文脈がより明確に整理され、「意味としてのSNS映え」につながることである。つまり〈#〉には機能として「表現の文脈化」の余地があるのだ。

次に投稿画像の表現意識に関する分析では、主に「幸福感の表現」「描写の分析と感覚表現」「受容の感覚」「自己表現欲求」を見出し、「受容の感覚」以外の全ての投稿に、ある程度自律的な表現欲求の存在を確認することができた。画像には投稿者が感じたさまざまな視点を含み持つ「無自覚な表現意識」が存在する。非アート文脈やアート初心者にとっても「画像」には自己表現欲求が明確に存在している可能性を明らかにした。

5. 総合的な考察

第3章と第4章では典型的な中小規模の地域型芸術祭である「UNMANNED 無人駅の芸術祭〈大井川〉」を事例に、主に2つの検証をおこなった。1つは第2章の事例分析から導き出した地域型芸術祭の「コミュニケーション・デザイン戦略の枠組み」（以下、戦略の枠組み）の有用性を検証することであった。その方法として、戦略の枠組みの要素を持つ芸術祭において、ミッションは観客に伝わり、「価値」「意味」として捉えられ、受容されたか否かを2年間の来場者アンケート調査の結果分析（以後、分析Iとする）から論じた。

次に「表現する」という観客の主体性が実際の投稿に発現しているのか否かを、本芸術祭のSNS投稿者のみに限定して実施したアンケート調査の結果分析（以後、分析IIとする）から検証をおこなった。

[1] セミ・プライベートなコミュニケーションのゆるやかな共有

分析Iから明らかになったのは、戦略の枠組みの構成要素である「ミッションの再定義」「SNSでのライトな選択的同期」「対峙する時間と思考

の余白」「異なる文脈の交差とコネクターの存在」は、本芸術祭においては先の3つの要素は主催者が無意識に実践していたことである。主催者はアート関係者でもなく、アートに造詣が深かったわけでもない。もともとまちづくりの文脈から芸術祭開催に興味を持ち、アートに関する企画運営製作は全て独学、他の芸術祭を参考にしながら、2年目からは静岡県文化プログラムの担当コーディネーターからのアート分野に関するアドバイスも取り入れて真摯に取り組んできた結果、最初の戦略の枠組み構成要素である「ミッションの再定義」では、地域が主役であることを維持しつつ企画者の視点からアートをしっかりと捉えて示すことができていた。アートに馴染みのない地域の人びとが芸術祭のメインの要素であり、装置でもある、という意識のもと、キュレーターの立場ではない、まちづくり専門家の自分たちが設定したミッションとアートが組み合わさることが、地域の人たちや観客の目線からどう見えるのかに意識的であった。これが結果的にはコミュニケーション・デザインの点からも上手く機能したのである。すでに地域との確固たる信頼とコミュニケーションが取れる関係、いわゆる地元を基盤としていたNPO組織だからこそできたことである。

　主催者はアートマーケティングを専門としていないが、まちづくりでは彼らは豊かなマーケティング経験を持つ。「SNSでのライトな選択的同期」においては、広報・宣伝・マーケティングの意識を持ってコミュニケーション・デザインを取り入れた、というよりは、そもそも開催地域の人びととの綿密なコミュニケーションが必要不可欠だからこそ、むしろ地域の人びと（開催地域に住んでいて、芸術祭の影響を受ける可能性のある人たち）を念頭にメッセージを伝えるつもりでSNSを発信していたのではないだろうか。つまりSNS発信の目線の先はそうした地域の人びとであった。地域のボランティアである「妖精たち」が、この芸術祭でアーティストの制作を支援しながらワークショップに参加し、作品の一部になっていくプロセスを楽しんでいる様子を記録し、それを投稿記事の体裁で語りかけることで、ほかの「地域内」の人びとと共有し広がっていく。同時に「地域外」のフォロワーである観客もその存在を、SNSを通して同様に強く感じ取ることができたと考えられる。これは第2章の「奥能登国際芸術祭」の事例で福

田が「コミュニティビルディング」に舵を切って、地域の人たちの言葉をメディア媒体でアーティストと等価で扱い、より存在感を他の地域内の人たちや観客に向けて強調していったことにも通じるであろう。

　メインビジュアルの設定や無人駅フィールドの回遊性についても、結果的に「対峙する時間と思考の余白」を生み出していたが、主催者はコミュニケーション・デザインの点から意識的であったわけではない。しかしながら上述の「ミッションの再定義・再編集」「SNSでのライトな選択的同期」「対峙する時間と思考の余白」は、主催者によって「デザインした媒介物」として機能しており、第1章で引用した池田の「コミュニケーション・デザインとは、〈創発性の管理思想〉である」という言葉のように、結果的にはコミュニケーション・デザインの点でも管理がうまくできていたと言えよう。

　無人駅の芸術祭で特にユニークな点としてあげたいのが、第3章で論じた図5（p.98）の「開催後の異なる文脈の交流の構図」である。「自分が主役」と感じた「地域の人びと」は主体性が発現し、これまで「アーティストと地域の人たち」で築いた関係を、今度は「自分たちと観客」の関係に持ち込み、接続、変換しようとした結果、自分たちが「観客と作品をつなぐコネクター」に変化していった様相である。まさに「創発性」は結局デザインできないもので、これらが主催者の意図とは別のところで発生することを確認できて初めてコミュニケーション・デザインは成功した、と言えるのかもしれない。いわゆる「飛び火」が見られるようになる、ということである。

　ここまでを整理すると、中小規模の地域型芸術祭のコミュニケーション・デザイン戦略は、ミッションの定義に基づきながら、開催の要となる地域の人びとと真摯にコミュニケーションを続ける延長線上に観客がいる、ということではないだろうか。SNSはそのツールの1つであるが、地域の人びとへのある種セミ・プライベートなコミュニケーションに観客、つまりパブリックの存在がそこに重なるところにその特徴がある。通常、地域型芸術祭はクリエイションのプロセスで、地域の人びととアーティストの異文脈の濃密な交流は起こるものの、それは必ずしもパブリックなものとして可視化されない。他の芸術祭を例にとっても公式ウェブサイトなどでそ

のような交流の報告がされるものの、そうした報告はどこか読み手から距離があるものである。しかしSNSというツールがアーティストと地域の関係に入り込むという捉え方をすることで、その関係がパブリックになると同時に、SNSというパーソナルなコミュニケーション・スペース——建前と本音の混じり合った中間地帯——という絶妙な位置で、「地域の人びと」に、地域型芸術祭との関わりしろの可能性を示す。地域型芸術祭の存在が物理的に近い距離にあり、かつ自分の住んでいる地域に多様な意見や思いを持っている「地域の人びと」は、すでに関わっている地域の人たちの変化をSNSで目の当たりにすることができる。かつ地域外の観客もそのコミュニケーションをゆるやかに共有できることがアートマーケティングにおけるSNSの1つの大きな特徴と役割ではないだろうか。

　地域型芸術祭では規模が小さければ小さいほど地域の人びととのコミュニケーションが濃密になり、クリエイションのプロセスから切り離し難くなっていく。コミュニケーション・デザインの観点から、観客の受容と表現の視点でSNSを取り出して本書では論じてきたが、無人駅の芸術祭の事例分析で結果的に見えてきたのは、切り離し難いクリエイションのプロセスを、ミッションという傘を意識しながら、そこに関わる地域の人たちに向けて主催者がパブリックな形でコミュニケーションをするための道具、という新たな位置づけであった。そのコミュニケーションに観客が選択的同期、という形で接続していくのが地域型芸術祭のコミュニケーション・デザイン戦略におけるSNSの在り方であろう。

　さらに創発性の点において、異なる文脈の交流がリアルもしくはSNS上で見え始め、コネクターが、主催者とは意図しないところで出現する、そうしたデザインできない「飛び火」の存在を認識することが、中小規模の地域型芸術祭にとっての一種の「指標」ともなるだろう。

[2] 観客の「生み出す」表現意識へ

　続いて分析Ⅱから明らかになったことを整理する。投稿者の表現意識の点から、特に画像であれば投稿者がアート体験の多寡に関係なく、無自覚ながらも自己表現欲求が明確に存在していることを示した。ところが

そのような表現意識は必ずしも読み手の文脈や理解と一致していない状態である。そこで意味を持つのが自己表現のハッシュタグ化である。非アート文脈やアート初心者にとっても、具体的な体験の表現を促す〈#〉は、無自覚から自覚への移行装置である。〈#〉が表現の文脈として整える機能「表現の文脈化」によって「意味としてのSNS映え」につながる可能性を秘めている。そうした構造を踏まえて従来のマーケティングで定量的な評価として使われてきた「いいね！」の数やシェアの多寡の意味を改めて問い直すと、これらはあくまで投稿の読み手にライトに同期された数である。より重要なのは、画像を含む投稿そのものの数が「意味としてのSNS映え」や「表現の多様性」の生み出そうとしている行為の数であることが本調査で見えてきた。つまり投稿数＝表現の数である。

　SNSによるミッションの伝達は、投稿者全員にではなかったが、何人かの投稿者の関心に訴求することができていた。ところがミッションをメッセージとして受容し、関心が高まった投稿者がソーシャルな目的の自律的な行動を取っているかどうか、その後の行動は把握できない。これをどう捉えるべきか。1つは第1章で指摘した「地域型芸術祭マーケティングのジレンマ」としてソーシャルな目的の関心に引き寄せるまで、という定義に従えば、これで十分だとも言える。つまり奥能登国際芸術祭の福田の言葉であれば「コミュニティビルディング」、大石の言葉では「来訪者がいることで『地域の人たち』の意識が変化していくことが重要」という言葉が示すように、地域コミュニティへ一時的に接続され、地域コミュニティと観客との距離が短くなりつつある証と捉えられる。

　水越は「UGCにみられるように、今日の人々は単なる消費者ではなく、積極的に『生産』にも関わっている」と述べ、「デジタル時代に顧客は企業のマーケティング活動の一方的なターゲット、標的ではなく、企業は顧客とともに、価値の創造を目指さなければならない」と指摘している（水越 2018：168）。マーケティング分野では近年こうした活動を「共創」「協働」と呼んでいるが、地域型芸術祭マーケティングにおける観客の「共創」「協働」とは何を意味するのだろうか。それは以下のように説明できるのではないか。

観客による投稿（UGC）は「創発性」の発現として拙くも表現意識が多様に存在している。そして投稿することは観客が地域に対して何らかの生産活動をしている、と考えられる。そうした多様な表現の生産活動を可視化する媒体がSNSである。投稿者にとっては芸術祭に参加した記録であり、かつ無自覚な自己表現の意識の顕れである。だが地域の人びとの目からは比較的はっきりと「地域との関わり」と映る。投稿を閲覧することでその表現意識に触れ、「来訪者が関心を持ってくれた、喜んでくれた」と実感し、意識が変わっていくきっかけになりうるものとなる。さらに「アカウンタビリティ」という点においては、投稿をする観客、という存在が、やがて地域へ強い関心を寄せる（必ずしも地域創生の文脈としての関心でなくてもよい）ファンに育つかもしれない、いわゆる行政用語でいう「関係人口[9]」の潜在層として可視化されるのである。

　あらためて地域芸術祭マーケティングにおける観客の「共創」と「協働」の意味を端的に言うと、UGCが発生することそのものが重要な意味を持つ、ということである。マーケティングの観点からもリサーチ会社Ipsosがミレニアル世代に実施した調査によると、UGCは他のメディアと比較して35%記憶に残りやすく、50%信頼されやすく、更に20%購買に影響を与えやすいという結果が出ている（Knoblauch 2014）ことから、UGCが発生することの意味は大きい。これを定量的に捉えるならば、質的な意味をきちんと理解した上で、「UGC発生率」という指標を導き出すことが可能である。つまりUGC数を公式SNS投稿数で割ることで、公式SNS1投稿に対してどの程度のUGC数が発生したかを測るものである。UGCが多ければ多いほどこの値は大きくなる。

　UGCは〈#〉で検索すればある程度の数の把握は可能であるから、観客には投稿する際に統一した〈#〉をつけてもらうよう、芸術祭のウェブや作品展示の現場でお願いする努力は必要となるであろう。

　これまでのマーケティングでは、公式SNSのフォロワーの数を増やすこと、あるいは投稿記事がインフルエンサーによって拡散され、多数の「いいね！」を獲得するなど口コミを発生させること、そうした結果、製品やサービスの売り上げに結びついたかどうかがマーケティングの現場の仕

事であり指標でもあった。しかし地域型芸術祭においてはインフルエンサーによる拡散ではなく、観客や地域の人びとに対して、作品を含めて主催者が提供している価値を、SNSや鑑賞体験で観客や地域の人びとに理解してもらうこと、さらに体験した観客が、自分の表現意識や行動の表れとしてUGCを生み出す環境を整えることが、インフルエンサーや口コミによる拡散とは別で大きい意味を持つのである。なぜならインフルエンサーや口コミによる拡散は、拡散されればされるほど、いろんな文脈に属するフォロワーによる解釈によって地域型芸術祭の文脈から離れ、もともとの投稿者の表現の意図が伝わりにくくなる。そうしたフォロワーによる比較的単線的に右から左で流して広がる「拡散」行為ではなく、むしろ投稿者が体験から何かを「生み出す」行為の結果としてUGCの存在を評価すべきであろう。本書で主張するのはその意味を汲んだ「UGC発生率」である。よって芸術祭間の比較のための指標ではなく、地域型芸術祭によって観客の表現意識が「生み出された」創発性＝観客が「生み出した」UGC、つまり「観客が生み出したアートマーケティング」を示すものとして、同一芸術祭の経年変化や成果を測るためのものである。

註：

1) JTBの調査では20〜30代の男女はアートを目的とした旅の割合が比較的高く、アートイベントに行くことに興味のある20代男性の特徴として「インターネットは毎日1時間以上アクセスする」「SNSやブログなどへ旅行体験を投稿する割合は圧倒的に高い」などが指摘されている。参考資料：「アート旅（美術館や芸術祭などを楽しむ旅）に関する調査」2014年 第114号（2014.10.2）JTB広報室 https://www.jtbcorp.jp/scripts_hd/image_view.asp?menu=news&id=00001&news_no=1931（2018年11月12日アクセス、2024年11月30日現在アクセス不可）および平成29年度版情報通信白書第1部1-3「SNSがスマホ利用の中心に」p.6【主なSNSの利用率（2016年全体・性年代別）】

2) 紙幅の関係で本書では詳しくは述べないが、筆者が2014年から16年にかけて、集客面で成功し、観客から多くの発信がされた、さまざまなジャンルと時代からの作品を扱った大小取り混ぜたアートイベントに対する一般からのソーシャルメディアに残る発言記録をテキストマイニング分析ソフトで解析をおこなったところ、表層的な言葉がほとんどを占め、これらの「イベントに行った」「〜を見た」「〜がどうだった」などファクトベースに、「楽しかった」など多少の個人的な感想を加えた投稿が数多く見受けられた。ブログではインサイトに富んだ投稿がないわけではないが、ほとんどの投稿は閲覧者に対してイベント告知や混雑状況など機能的な情報、参加した事実を知らせるもの、いわゆるライトなコミュニケーションコンテンツとして楽しんだ様子を知らせるためで、作品のシンプルな感想や印象も表層的なテキストが多かった、という結

果を得た。

3) マルセル・デュシャン（1887年7月28日〜1968年10月2日）はフランス生まれ、晩年にアメリカに帰化した画家、彫刻家。現代美術の実際的な創始者で、視覚美術を批判し、観念の芸術を提唱した。ニューヨーク・ダダの中心的人物である。

Artpediaアートペディア／近現代美術の百科事典。https://www.artpedia.asia/marcel-duchamp/（2024年11月30日アクセス）

4) 「大地の芸術祭 越後妻有アートトリエンナーレ」は、過疎高齢化の進む日本有数の豪雪地・越後妻有（新潟県十日町市、津南町）を舞台に、2000年から3年に1度開催されている世界最大級の国際芸術祭。農業を通して大地とかかわってきた「里山」の暮らしが今も豊かに残っている地域で、「人間は自然に内包される」を基本理念としたアートを道しるべに里山を巡る新しい旅は、アートによる地域づくりの先進事例として、国内外から注目を集めている。前回2018年は約54万人の来場者数を記録し、経済効果や雇用・交流人口の拡大をもたらしている。

芸術祭公式ホームページ「大地の芸術祭 越後妻有アートトリエンナーレとは」より引用。

http://www.echigo-tsumari.jp/about/overview/（2024年11月30日アクセス）

5) エマ・マリグは1960年チリ・サンチアゴ生まれ。1993年よりパリを本拠地として活動している。独特なノスタルジックで詩的なスタイルを用いながら、さまざまな材料、光、音のゆらめきの混ざりあいを表現するインスタレーションを創作している。（大地の芸術祭越後妻有トリエンナーレ英語サイトより筆者抄訳）https://www.echigo-tsumari.jp/en/art/artist/emma-malig（2024年11月30日アクセス）

6) 岡本（2010）は写真投影法のメリットを3点指摘している。1つめは内面的報告を、調査対象者の描画や言語化能力に依存しない、カメラによる簡易性および瞬間に撮影できる即時性。2つめは言語化の過程を含まないこと。言語による質問紙では調査項目の概念を共有していることを前提に、言語的な刺激（質問）に対する反応（選択）を測定する。写真投影法では感性や情緒、イメージなど概念化できないもの、あるいは言語能力に依存できない子ども対象に、視覚的イメージを介することで、それを具体的に表現することが可能である。3つめは振り返り効果である。関心の低い大人や子どもが写真を元に語ることで自己関与度の高まりが期待できる。

7) 本来であれば調査対象者個人への面接調査がインサイトを探るためにも望ましいが、新型コロナ禍における緊急事態宣言の影響で、筆者が調査対象者の多く居住する静岡県への移動や対面での接触の自粛を、2020年4月から6月の期間中、日本政府および静岡県から求められたため面接調査は実施せず、代わりに記述式のオンライン調査をおこなうこととした。調査対象者とのコミュニケーションによる写真の持つ意味をより正確に、深層を捉えるための質的分析は叶わなかったものの、中村・小林・高橋・萩原（2001）や岡本・林・藤原（2009）の写真撮影法を使用した研究では調査対象者に筆記や記述での回答を求める先行研究も存在するため、一定の質的な意味を捉える信頼性、妥当性の担保は可能と考えた。

8) 佐藤郁哉は事例―コード・マトリックスは、質的研究に陥りがちな、事例の特殊性にとらわれて一般的なパターンを見失ってしまう傾向や少数の事例にもとづく過度の一般化という傾向を避ける上でも有効な手だてとなる、と主張している。

9) 「関係人口」とは、移住した「定住人口」でもなく、観光に来た「交流人口」でもない、地域と多様に関わる人々を指す言葉である。地方圏は、人口減少・高齢化により、地域づくりの担い手不足という課題に直面しているが、地域によっては若者を中心に、変化を生み出す人材が地域に入り始めており、「関係人口」と呼ばれる地域外の人材が地域づくりの担い手となることが期待されている。

総務省「地域への新しい入り口 関係人口ポータルサイト」。https://www.soumu.go.jp/kankeijinkou/about/index.html（2024年11月30日アクセス）

コミュニケーション・デザイン戦略の
活用と指標化

　ここからは本書が目指したコミュニケーション・デザインの具体的な提案を「観客が生み出すアートマーケティング」の視点から整理し、本戦略モデルがどのように活用ができ、指標として用いることが可能なのかを述べる。

1.地域型芸術祭のコミュニケーション・デザイン戦略の枠組み

[1] 地域型芸術祭マーケティングのジレンマ

　地域型芸術祭は地域活性化・地域再生が目的として明確であることが多い。そもそもアートマーケティングは作品と出会い、その経験の価値化、社会化を促す活動である。しかし芸術祭におけるマーケティングを、地域活性化や地域再生の目的を果たすためのソーシャルマーケティングと捉える場合は、その目的に向けた具体的なアクションを取るかどうかが達成の指標となる。だがアートを媒介とする限り、受け取る観客側の多様な感覚を尊重すべきであり、一定の考え方や方向性を全員に押しつけることは適切ではない。観客は必ずしもそうした地域活性化や地域再生に関心を持って訪れているわけでもない。さらに芸術祭主催者にとって予測不可能なことが起こる、人と人がつながることで想定しない何かが生み出されるなど、地域活性化や地域再生に対して直接的なアクションにつな

がらず、社会なインパクトを生み出さない、ということも起こりえる。地域型芸術祭マーケティングのジレンマとは、ソーシャルな目的が芸術祭開催において大きく掲げられてしまうことで、その目的に向けた変化を課されてしまう地域型芸術祭の現状を、マーケティングの視点から指摘したものである。理想的にはそうしたソーシャルな目的は、自治体が関わるのであれば、その地域の総合的かつ分野横断的な戦略の中に芸術祭の役割がしっかりと位置づけられた上でマーケティングをおこなうべきである。本書では、地域型芸術祭のマーケティングは観客に対して具体的なアクションを求めるのではなく、ソーシャルな目的の関心を高めるまでが範疇である、と定義した。マーケティング指標としての活用では、ソーシャルな目的の関心がどの程度観客の中の意識に上がり、変化したかを経年で比較するための定量・定性的なデータの取得などが考えられる。

[2] デザインされた媒介物：ミッションの再定義・再編集

　第1章にて3段階のコミュニケーションフェーズモデルを示した上で、第2フェーズの「価値づける」「意味を構築する」段階で必要な要素として「ミッションの再定義・再編集」を掲げた。第2章で取り上げた「奥能登国際芸術祭」「茨城県北芸術祭」、第3章の「無人駅の芸術祭」では、それぞれの芸術祭によってメッセージの伝え方の方法は違うものの、いずれもあくまで観客の立場の視点から「ミッション」を再編集して伝えていた。それは奥能登国際芸術祭であれば、「参加アーティストや地域の人びととの発見した珠洲」、すなわち「気づきの表現と意味」を伝染させるコミュニケーションであり、茨城県北芸術祭では、公式SNSでアシスタントキュレーターから地元のボランティア、地域おこし協力隊まで、芸術祭に関わる多様な主体側がそれぞれの視点で自由に芸術祭を切り取って読み解き、熱量の大きい瞬間に署名記事で伝えることであり、無人駅の芸術祭では、徹底的に地域の人びとの存在と目線を、宣伝材料やキャッチコピー、作品制作のプロセスを伝えるコミュニケーションの中に編集していったことである。

　「ミッションの再定義・再編集」のコミュニケーションの実施は、アーティ

ストが現場に入り、制作し始めた頃から開催時期までがピークになり、閉幕までコンスタントに続けることができよう。コミュニケーションフェーズモデルの第2フェーズ「価値づける」「意味を構築する」は、本来のプロセスとしては第1フェーズの「情報を受信する、理解する、関心を持つ」を経た次の段階、という意味である。しかし無人駅の芸術祭のように結果的には第2フェーズから始めるマーケティングも存在する。ある程度「顔の見える」地域の人びとや観客をターゲットとする中小規模の地域型芸術祭では、第1フェーズにはあまり力を割かないことが初期段階には現実的なアプローチかもしれない。

　マーケティングの指標や評価としての活用では、「芸術祭のジレンマ」に連動して、芸術祭の「ソーシャルな目的」を参照しながら、芸術祭のミッションの再定義・再編集の具体的な投稿例と、メッセージに対する観客の受容や反応（エンゲージメント率など）の比較や、ミッションの再編集を反映した〈#化〉がどれだけ観客の投稿で使われたかを〈#〉の検索で定量的・定性的に示すことなどが考えられる。

[3] デザインされた媒介物：SNSでのライトな選択的同期

　「情報の摂取」としてSNSにおける「エンゲージメント」の意味は、現実での「共感」や「関わり」に接続はするものの、少しニュアンスが違い、ライトな選択的「同期」の表象であることを指摘した。SNSの情報拡散とは、観客が選択的同期したものがさらにその先にいる観客のSNSフォロワーによって再び選択的同期される、という仕組みである。つまり投稿者への共感や支持の意思表明である。コミュニケーション・デザインの観点からは、芸術祭の魅力やその内在的価値をSNSで伝え、それが共感・同期されることで、SNSアカウントのフォロワーが、中村の「知覚の変数」である、知覚＝刺激（コンテンツ）×外部環境（コンテクスト）×内部状態（メモリーボックス）における「内部状態」の「経験に基づく反応フィルター」が鑑賞前後に開発・促進される、という意味である。

　第2章の茨城県北芸術祭の事例では定量分析を通して、「アート関連情報」および「署名入り記事」の反応が良いことを示した。芸術祭のフォ

ロワーは、アート関連情報を求める傾向にあり、さらにSNSに個人対個人の関係性を持ち込むことで共感し、内部状態が耕されることがわかった。

　「ミッションの再定義・再編集」の方法は各芸術祭によってさまざまであるべきだが、前項で示したように、活用においてはミッションを再編集した投稿を取り出して、エンゲージメント率やウェブのアクセスを、その他の投稿と比較してみるのも良いだろう。

［4］デザインされた媒介物：対峙する時間と思考の余白

　第2章にて「さいたまトリエンナーレの《Elemental Detection》」の鑑賞の場のデザインを、「対峙する時間と思考の余白」の場の事例として取り上げた。無料貸与された"フィルム"カメラでのみ撮影できる、という制限された「外部環境」によって、逆に観客が作品と対峙する時間と思考の余白が創られ、価値づけにつながっていく可能性を指摘した。

　この「対峙する時間と思考の余白」は、地域型芸術祭の特徴であるサイトスペシフィック性によってある程度達成することは可能である。次から次へ間断なく作品を鑑賞するのではなく、作品間の移動に物理的な時間を伴い、かつサイトスペシフィックであるからこそ環境を含めた読み取りが求められる点で、場の文脈がコントロールされる、つまりすでに「時間と思考」はデザインされていると言えよう。しかしながら無人駅の芸術祭の事例では、さらにコミュニケーションとして「無人駅の先のワンダーランド」というキャッチコピーやメインビジュアルを通して、鑑賞前に問いかけと思考の時間を生み出していた。そして鑑賞の場のデザインもそれを実感しやすいように変更した。このような「サイトスペシフィック性を強調する」方法は特に中小規模の地域型芸術祭では有効かつ比較的実施しやすい方法であろう。また〈#〉キャンペーンなどで観客の「思考」を鑑賞前後に促すことも可能性として考えられる。

　リアルとSNSそれぞれの媒介物で異なる文脈が交差する場が存在することで、お互いの文脈の関与度と自己関連性が情報交換によって高まる、特に相互の文脈の「関わり」と「結びつき」の基盤を作るには、媒介中心性の高い「コネクター（橋渡し）」の存在が必要である。この議論は、本書では紙幅の関係で第3章の無人駅の芸術祭のみの事例となったが、「自分が主役」と感じた「地域の人びと」の主体性が発現し、これまで「アーティストと地域の人たち」で築いた関係を、今度は「自分たちと観客」の関係に持ち込み、接続、変換しようとした結果、自分たちが「観客と作品をつなぐコネクター」に変化していった様相を描いた。主催者の企図と無関係に出現する「飛び火」のようなコミュニケーション行動が、結果的には3段階のコミュニケーションフェーズモデルにおける第3フェーズ「自律的な変化」に最も近く、地域型芸術祭における「自律的」の定義となるべきものかもしれない。この行動のわかりやすい指標として考えられるのは「地域型芸術祭のサポーター」の存在や属性、行動の詳述などが適切だろう。

2．SNSの質的な価値

[1] デザインできない創発性と主体性：観客の表現意識

　「表現する」という観客の主体性の検証として、第4章では無人駅の芸術祭に参加し、その体験をSNSで投稿をおこなった者に限定して実施したアンケート調査から分析・考察した。その結果、特に写真投影法を使用した設問の回答分析から、画像においては投稿者がアート体験の多寡に関係なく、無自覚ながらも自己表現欲求が明確に内包していることを示した。つまり情報の認知の過程で投稿者が意味を自ら生み出し、その意味を自己の外部に向けて発信する行為であり、水越の言葉を借りれば「生産者」として観客が「共創・協働」する行為である、ということを具体的なデータを用いて追認できた、ということである。「SNS 映え」に美しさ

や驚きを感じさせるフォトジェニックな「存在としての SNS 映え」と、「いいね!」したくなる文脈性が含まれた体験やシーンが刻印された「意味としての SNS 映え」の 2 種類があるとした天野や、水越のソーシャルメディア分野の研究のいずれもそうした現象への言及がされているものの、その主張のベースとなる投稿者の具体的な表現意識についてのデータや分析は見当たらない。本書ではこれまでの研究で明らかにされてきた現象を考察に引用しつつも、地域型芸術祭の SNS 投稿の事例調査によって、それらの主張により具体性を与えたものである。

[2] デザインできない創発性と主体性：ハッシュタグの可能性

「意味としての SNS 映え」において天野が言及した「文脈性」とは、地域型芸術祭において投稿画像に投稿者が感じた「表現意識」が文脈として読み手に伝わることによって成立すると仮定すれば、画像からその表現意識が読み取れない場合、必ずしも読み手の文脈や理解と一致していない状態であり、「意味としての SNS 映え」が成立しない。この点において本書では〈#〉の可能性を指摘し、〈#〉による具体的な体験の表現を促すことで、アートとの自己関連性が比較的低い非アート文脈やアート初心者に障壁となっている、アート体験の「言語化」が促される可能性を示した。またハッシュタグキャンペーンなどの実施によって「無自覚」から「自覚」へ促すことで、そうしたハッシュタグが投稿者の表現の文脈として整える機能を持ち「意味としての SNS 映え」につながる可能性を指摘した。

〈#〉の記録と分類、拡散の機能はこれまで多くの研究でも示されており、例えば坂田は、〈#〉について「使用すればするほどリーチが拡大し、それによるエンゲージメントの増加が明らかになっている」とし、「インスタグラムにおいては、画像を起点としたユーザ間の共有と情報の拡がりといった全体感を捉えることが重要である」（坂田 2016:15）と指摘している。本書でも同様に〈#〉の記録や拡散の機能に加えて、〈#〉の「表現の文脈化」を、投稿者の表現行為、という視点から解釈を試みた。マーケティングにおける SNS の役割は共感、共有そして拡散のツールとして関心の焦点が当てられがちだが、本来の SNS の利点は、消費者が自分の言葉で感じ

たことや意思をパブリックに気軽に発信できるようになったことである。個人の表現欲求を誘発すること自体の意味や価値をアートマーケティング、特に「問いを投げかける」ことが特徴の、現代アートが中心となる芸術祭のマーケティングにおいては、こだわってすくい取らなければならないと考える。

[3] UGC 発生率

　SNSが持つ2つの役割としてコミュニケーション・デザインのデザイン可能な「外部環境」や「内部状態」に関わる媒介物と、その媒介物によって誘発された「知覚」、観客の「価値づけや関与」が表現されている媒介物（観客のSNS投稿）であることは何度か述べているが、ここでは後者の価値について、観客による投稿（UGC）は「創発性」の発現として多様な表現意識が存在していることを指摘した。地域の人びとは通常なら観客のそうした表現意識を直接的に知ることはできないが、SNSの投稿を閲覧することで、「来訪者が関心を持ってくれた、喜んでくれた」と実感し、意識が変わるきっかけになりうる。SNSはそうした表現意識を可視化するプラットフォームとして役割を担うのであれば、観客が受容した価値の表現が投稿として生み出された「行為自体」に注目すべき、という本書の主張は、まさにアートプロジェクト研究における観客の「共創」行為の表象に重ね合わせることができよう。つまり「UGC 発生率」という指標を、ゆるやかなコミュニティ生成やソーシャルな目的に向けた自律的行動への萌芽として位置づけることも可能だと考える。

　「UGC 発生率」は定量的な指標ではあるが、その意図は誘発されたコミュニケーション行動として、「いいね！」やシェア数、エンゲージメント率とは異なる、直接的な芸術祭との関わりと共有意識を示す意味を持った数字として捉えたい。

3. 指標化

　これまでに述べてきたコミュニケーション・デザイン戦略の枠組みを利

用してマーケティングを計画する際に、どのような指標を想定すればよい
かを提示することで、コミュニケーション・デザイン戦略の図表化の最終
版とし、地域型芸術祭マーケティングの全体像およびチェックリストとして
整理することで本書のまとめとする。図8は中村の「知覚の変数」をもと
に、デザイン可能な媒介物を観客の「内部状態」「外部環境」のデザイン
でそれぞれ分け、さらに本章の指標に関する論点を加えたものである。

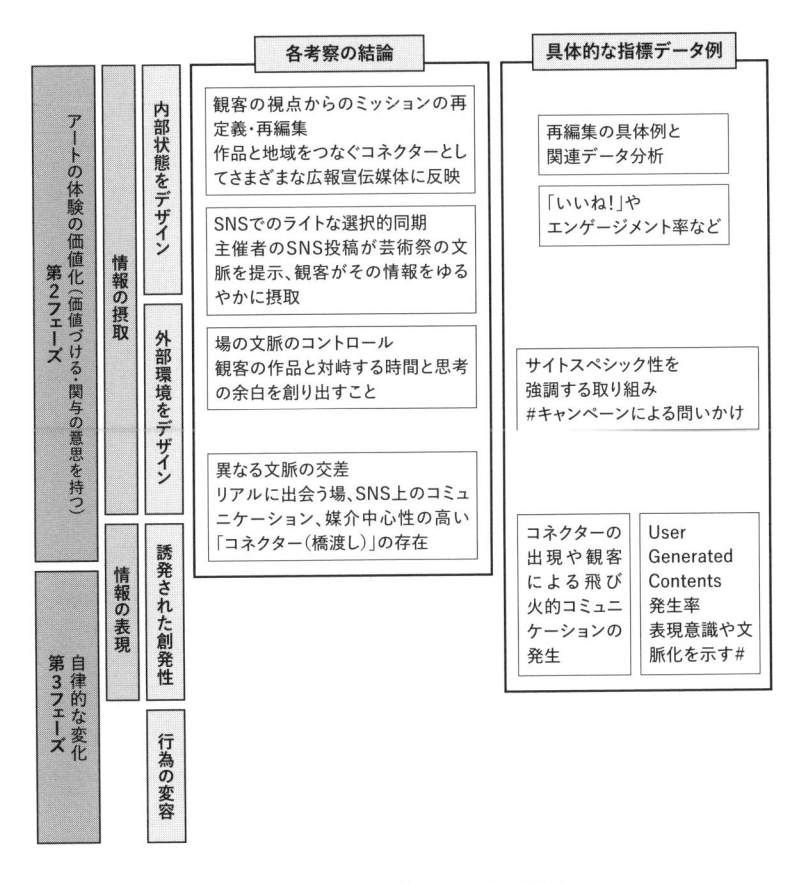

図8　地域型芸術祭のコミュニケーション・デザイン戦略の枠組み

おわりに —— 芸術祭が持続するために

　本書は中小規模の地域型芸術祭において、その価値は経済波及効果、入場者数などの一般的な定量的指標では捉えきれないのではないか、という問題意識から、そうした定量的指標の根拠となる観客とのコミュニケーションを扱うマーケティングの視点から脱・マスマーケティング、脱・拡散マーケティングの在り方を模索した。そもそも何をコミュニケーションしているのか、そしてアートマーケティングとして何を評価すべきなのか、という点から2つの問い「コミュニケーションは何をデザインすべきなのか」および「SNSの質的な価値に注目したマーケティングとは何か」を設定し、「地域型芸術祭のコミュニケーション・デザイン戦略」の枠組みとしてまとめた。さらに「いいね！」の数やシェアの多寡などの既存のデータに加えて誘発された観客の表現意識としての「UGC発生率」や、〈#〉の表現文脈化などの新たな指標をマーケティングに用い、従来の定量的指標と併せてコミュニケーションフェーズの第1段階から第3段階までを意味づけすることで、アートマーケティングを面として捉えられるのではないか、と主張した。

　昨今、地域型芸術祭が活況を見せている。しかし一方で本書でも事例として取り上げた「茨城県北芸術祭」の中止[1]は、県議会での知事の「持続的な発展に対し、真に効果的であったか曖昧な県北芸術祭は中止する」という答弁に象徴されるように、短期的な効果や定量的指標を重視し、芸術祭が地域活性化と課題解決のツールとして極度に単純化されることが孕む危険性、地域型芸術祭が持続することの意味を正しく捉えられづらい脆弱性を示している。アートマーケティング研究ではこれまでの美術館や劇場・音楽堂に代表されるような「場」（これには国際的な芸術祭を念頭とする都市型芸術祭も含まれるだろう）と観客との接点づくりや関係維持の実践的な知見の蓄積があるが、「マーケティングの最大の関心事は、目標とした市場がその価値を認めたというアウトカム（成果）を生み出すこ

とである」(コトラー 2007：27) という言葉の前提となる「価値」に関しては自明の理[2]としてきた。本書ではそもそも地域型芸術祭の「価値」自体を改めて問い直し、アーティストや作品、そしてその地域に住む人たちや観客がその価値を受容した結果、どのような主体性が生まれるのかを考えてきた。この「観客が生み出すアートマーケティング」に主催者がより自覚的になることが本書の目的でもある。また観客から生まれる表現意識を捉えるSNSの可能性に着目したが、本書でその新たな視点を示すと同時に、これからの研究の発展によって上述した危険性や脆弱性の改善に資することを期待している。

　2023年時点でTwitterがXへ名称変更し、機能や仕様の変更をおこなった。SNS利用率に関する多くの調査で日本国内のアクティブユーザー数はLINEやYouTubeが2強となるなど、SNSを巡る環境は常にスピーディーに変化している。そうした環境変化に目配りしつつも、マーケティングに今や欠かすことのできないSNSに伴う「観客が生み出す」ことの本質的な意味は、今後も大きくは変わらないように思えてならない。

　多くの地域型芸術祭が取り入れている「アートプロジェクト」の研究視点から見れば、アートプロジェクト研究は大まかには5種に分類される[3]が、多くの研究が、アーティストと創造表現、地域と密接に関係するプロジェクト参加者の存在や協働関係、地域とプロジェクト参加者へのポジティブ・ネガティブな影響・効果、さらに社会的活用や行政効果などである。しかし芸術祭はアーティスト、作品、地域だけでなく、短期間、たとえ1日であっても訪問してくれる観客の存在は欠かせない。アートプロジェクトと観客の関係に焦点を当てた研究は蓄積がまだ十分とは言えない。本書がその一端として今後の議論に貢献することを期待している。

註：

1) 美術手帖では「100を超えるプロジェクトが展開され、約77万6000人（主催者発表）の来場者を記録した茨城県北芸術祭だが、わずか1回のみの開催でその幕を閉じることととなった。知事の交代によってその命運が左右される、という地域の芸術祭の構造が浮き彫りになったかたちだ」と報じている。
   美術手帖オンライン。https://bijutsutecho.com/magazine/news/headline/19511（2024年11月30日アクセス）

2) ここでいう「自明の理」とは中村（2017）が説明する「音楽的コンテンツとその意味は分かち難く結びついており、その意味は不変とする本質主義の立場」を指す。本研究では音楽的コンテンツだけでなく、文化芸術の幅広い意味で捉えている。

3) 谷口によるとアートプロジェクト研究は、アートプロジェクトの成立と変遷に関する研究、アートプロジェクトの意義に関する研究、アートプロジェクトの活用に関する研究、アートプロジェクトの課題に関する研究、アートプロジェクトの国際性に関する研究としている（谷口 2019：2-7）。

謝辞

　筆者は以前、駐日英国大使館とブリティッシュ・カウンシルにてマーケティングと民間連携パートナーシップを担当し、パブリック・ディプロマシーの立場からイギリスのさまざまな分野、クリエイティブ産業振興（音楽、ファッション、デザインなど）から食文化、科学技術とイノベーション、さらには航空宇宙、環境や政策に至るまで、多彩な分野のマーケティングと国家ブランディングキャンペーンに関わってきました。

　マーケッターとしては「英国アンバサダー」という、現在では「アンバサダーマーケティング」として知られる、SNSを介してファンのコミュニティを創造しながら評判を高めていくインフルエンサーマーケティングを、当時としてはいち早く導入しました。それをきっかけに、一般のファンひとりひとりと向き合うこととなりました。彼らの英国に対する溢れる熱い想いがSNSを介して交わることで、さまざまな化学反応を起こし、広がっていく様を目の当たりにして、次第に「いかに多くの人びとに効率よく伝えるか」という、人を数字に置き換えて、バズることを追い求めるマーケティングに疑問を覚えるようになりました。現場ではさまざまな個性溢れるコミュニケーションが生まれているのに、ひとりひとりの関わりを「マーケティングの言語」で表現する術がなく、当時はもどかしく感じていたのです。

　一方で大使館に在職中、国連組織でいわゆる法人や個人を対象とした寄付マーケティングを2年間経験する機会を得ました。個人にアプローチするダイレクトマーケティングの手法を「サイエンス」として厳格に適用しながら「共感」を軸とした「人の想い」をしっかり受け止めつつ経済的価値（＝さらなる支援活動が可能となる）に変換する方法のダイナミックさと巧みさ、したたかさに目が開かれるような思いを持ちました。

　そうした想いから文化芸術分野のマーケティングでは「数」よりも、個々人の感じた想いや行動を可視化しながら、一方でそれらを科学的なマーケティングのダイナミックな「価値」として提示できないだろうか、と考えた

私は東京藝術大学熊倉純子研究室の門を叩きました。これが本書の元になった博士論文執筆のきっかけでした。完成に至るまでには実に数多くの方々との出会いと温かなご指導、ご協力がありました。

　アートプロジェクトや美学芸術学の基礎知識に欠けた状態の筆者は、初期は研究の方向が全く定まらず、とにかく直感的に思うままに研究を進めていた状態を辛抱強く見守ってくださりながら、抜群のタイミングで的確な道に導いてくださった熊倉純子東京藝術大学教授に深く感謝申し上げます。

　本論文各章では沢山の方々に調査のご協力を頂きました。第3章では大変ご多忙な中、時間を絞り出して、私の拙い取材にお応えくださった茨城県北芸術祭の総合ディレクター（当時）の南條史生さん、コミュニケーションディレクター（当時）の林千晶さん、茨城県職員の滝睦美さん、さいたまトリエンナーレ（当時）の広報担当の大久保玲子さん、第4章で調査にご協力頂いたUNMANNED無人駅の芸術祭事務局（NPO法人クロスメディアしまだ）の大石歩真さん、兒玉絵美さん、共に調査してくださった一般社団法人CSOネットワークの千葉直紀さん、中谷美南子さんの協力無くしては本書の完成はなかったと言えます。

　筆者は博士課程1年目修了後に駐日英国大使館を退職しました。その後、アートプロジェクトの現場に関わるべく静岡県文化プログラム（現アーツカウンシルしずおか）でプログラム・コーディネーターの職を得ましたが、事務局の松田有紀さん（当時）を始め、同僚のプログラム・コーディネーターの皆さんには、研究のみならず地域におけるアートプロジェクトのイロハから、現場で中間支援として関わる際のさまざまな悩みやおもしろさを共有し、少なからず博士論文執筆の際の大きな基礎となりました。執筆期間の最後の半年をコロナ禍で過ごし、文化芸術を取り巻く環境が急激に変化しましたが、むしろ世の中全体がひとりひとりに向き合える環境が整ってきたようにも感じています。マーケティングの一研究視点として本研究が今後のアートマーケティングの発展にささやかながらも寄与することを望んでいます。

　最後に本シリーズの監修者として、熊倉先生に加えて長津結一郎九州

大学芸術工学研究院准教授、朝倉由希公立小松大学准教授には本書の推敲のみならず、タイトルを含めてさまざまな視点からの非常に貴重なアドバイスの数々を頂き、出版に向けて大きな力を頂きました。改めてここにお礼申し上げます。そして本書の出版に尽力してくださった仙道弘生社長をはじめとする水曜社の方々にこの場を借りてお礼申し上げます。そして家族も研究活動や執筆をこれまで温かく見守ってくれました。皆様に深く感謝申し上げます。

　本書の一部は日本学術振興会とUKリサーチ・イノベーション（UKRI）との連携に基づく国際共同研究事業：英国との国際共同研究プログラム（ JRPs-LEAD with UKRI）JPJSJRP20211707の成果として刊行されるものです。

参考・引用文献

- 天野彬（2017）『シェアしたがる心理：SNSの情報環境を読み解く7つの視点』宣伝会議
- 池田光穂「コミュニケーション・デザインの定義」ホームページ https://navymule9.sakura.ne.jp/080516C_Design.html
- 池田光穂（2016）「コミュニケーションデザイン・テーゼ：越境する教養力の涵養について」Communication-Design 特別号、1: 58-65.
- 池田光穂（2019）「アートとコミュニケーション：芸術人類学へのもうひとつの入り口」Co* Design、4: 1-20.
- 一戸信哉（2012）「2011年ソーシャルメディアの動向」敬和学園大学研究紀要、21: 85-102
- 茨城県北芸術祭実行委員会2016（2017）『茨城県北芸術祭2016総括報告書』2017-5-30. https://www.pref.ibaraki.jp/soshiki/kikaku/kenpokusinkou/documents/2016_soukatsuhoukokusho.pdf
- 茨城県北芸術祭実行委員会2016（2016）『KENPOKU ART茨城県北芸術祭公式ガイドブック』生活の友社
- インターネット白書編集委員会（2016）『インターネット白書』Impress R&D
- 上東伸洋, 坂部創一, & 山崎秀夫（2016）「SNS交流と共感力との関係性」環境情報科学論文集、30
- 内田聡（2013）「ソーシャルメディアの普及する社会と地域金融」月刊金融ジャーナル、54.10:76-79.
- 衛紀生（2008）「集客から創客へ 回復の時代のアーツマーケティング第二章 最新のアーツマーケティング／その理論的根拠。(1)」https://x.gd/BeZcb
- 衛紀生（2008）「集客から創客へ 回復の時代のアーツマーケティング第二章 最新のアーツマーケティング／その理論的根拠。(3)」https://x.gd/at90E
- 枝川明敬（2008）「地域文化活動の効果と今後の文化活動の在り方」文化情報学：駿河台大学文化情報学部紀要、15.1
- 大平修司（2010）「ステイクホルダー・アプローチによるコーズ・リレイテッド・マーケティングの体系的理解」関東学院大学 経済系、245: 66-79.
- 遠藤薫（2008）『ネットメディアと〈コミュニティ〉形成』東京電機大学出版局
- 大西浩志（2009）「レビュー：ソーシャル・ネットワークとマーケティング研究」マーケティングジャーナル、28（3）28-34.
- 大西浩志（2015）「レビュー：ソーシャルメディアとマーケティング研究（その2）―市場の理解とソーシャルメディア・データのバイアス―」マーケティングジャーナル、34（3）58-68.
- 岡本卓也, 林幸史, & 藤原武弘（2009）「写真投影法による所属大学の社会的アイデンティティの測定」行動計量学、36（1）1-14.
- 岡本卓也, 石盛真徳, & 加藤潤三（2010）「面接調査の技法としての写真投影法」関西学院大学先端社会研究所紀要（2）59-69.
- 小川祐樹, 山本仁志, & 宮田加久子（2014）「Twitterにおける意見の多数派認知とパーソナルネットワークの同質性が発言に与える影響」人工知能学会論文誌、29.5: 483-492.
- 奥能登国際芸術祭実行委員会2017. 奥能登国際芸術祭2017総括報告書 . 2017-05. https://archive2017.oku-noto.jp/news/2018/06/06-2017report.html
- 小田切宏之（2011）『企業経済学』東洋経済新報社
- 加藤種男（2018）『芸術文化の投資効果：メセナと創造経済』水曜社
- 上地広昭, & 竹中晃二（2012）「行動変容のためのソーシャル・マーケティングの活用」日本健康教育学会誌、20（1）60-70.

- 亀和田俊明（2018）「地域芸術祭がもたらす、インバウンド誘致と地方移住／地域活性機構リレーコラム」Glocal Mission Times、2018-11-9.
- 川又啓子（2004）「アートとマーケティング」慶應義塾大学 Booklet
- 川又啓子（2000）「事例研究『劇団ふるさときゃらばん』：地域需要開拓への関係性マーケティング戦略の実践」文化経済学、2.2
- 金嬪娜, et al.「アートプロジェクトにおけるサポーター／ボランティアのあり方」東京藝術大学大学院音楽研究科博士学位論文
- 熊倉純子（2014）『アートプロジェクト 芸術と共創する社会』水曜社
- 熊倉純子, & 長津結一郎（2015）『日本型アートプロジェクトの歴史と現在 1990年→2012年 補遺』アーツカウンシル東京
- 後藤和子（1998）『芸術文化の公共政策』勁草書房
- 後藤和子（2001）『文化政策学 法・経済・マネジメント』有斐閣コンパクト
- 小林真理, & 片山泰輔（2009）『アーツ・マネジメント概論三訂版』水曜社
- 小林祐司, 寺田充伸, & 佐藤誠治（2012）「テキストマイニングを活用したアンケートにおける自由回答の分析と生活環境評価」日本建築学会計画系論文集（77）671: 85-93.
- 近藤隆雄（1999）『サービス・マーケティング』生産性出版
- さいたまトリエンナーレ実行委員会（2017）『さいたまトリエンナーレ2016開催報告書』2017-07. https://saitamatriennale.jp/news/2715.html
- 坂田利康（2016）「インスタグラム・マーケティング戦略：ユーザのエンゲージメント獲得に向けた広告コミュニケーション」高千穂論叢、51（2）
- 坂田利康, & 鷲尾和紀（2016）「エンゲージメント獲得に向けたユーザの情動とポストの広告コミュニケーション分析：メーカー、小売業、サービス業のFacebookポストの実証研究」広告科学、63: 43-62.
- 指出一正（2016）『ぼくらは地方で幸せを見つける：ソトコト流ローカル再生論』ポプラ新書
- 佐藤郁哉（2008）『質的データ分析法』新曜社
- 佐藤李青, 小林真理編（2018）『文化政策の現在2 拡張する文化政策』東京大学出版
- 佐野直哉（2018）「鑑賞者行動における文脈の交差：SNSの可能性と課題 Reborn-Art Festival 2017を事例に」アートマネジメント研究、19: 22-33
- 佐野直哉（2020）「『消費する』から『表現する』SNSコミュニケーション・デザインの可能性：大地の芸術祭越後妻有トリエンナーレより『アトラスの哀歌（2018）』を事例として」上野学園創立115周年記念論文集、pp.71-89.
- 静岡県文化プログラム『UNMANNED無人駅の芸術祭／大井川2020事業評価報告書』一般財団法人CSOネットワーク 2020-3
- 志村聖子（2017）『舞台芸術マネジメント論：聴衆との共創を目指して』九州大学出版会
- 辛美沙（2008）『アート・インダストリー：究極のコモディティーを求めて』美学出版
- 鈴木謙介（2014）「IPPS消費とはなにか：2014年を振り返る（1）」鈴木謙介ブログ http://blog.szk.cc/2014/12/27/what-is-ipps/（参照 2018-4-19、2024年11月30日アクセス）
- 瀬戸内国際芸術祭実行委員会2016（2017）『瀬戸内国際芸術祭2016総括報告書』2017-01-10. https://setouchi-artfest.jp/assets/files/about/archive/report2016.pdf
- 瀬戸内国際芸術祭実行委員会2019（2020）『瀬戸内国際芸術祭2019総括報告書』2020-02. https://setouchi-artfest.jp/assets/files/about/archive/report2019.pdf
- 世良耕一（2004）「コーズ・リレイテッド・マーケティング評価に影響を与える要因に関する一考察：『消費者とコーズの関係』からのアプローチ」広告科学、45：90-105.
- 総務省（2015）『社会課題解決のための新たなICTサービス・技術への人々の意識に関する調査研究』

- 総務省（2015）『情報通信白書』
- 総務省（2019）『情報通信白書』
- 大地の芸術祭実行委員会 2015（2016）『大地の芸術祭／越後妻有アートトリエンナーレ 2015 総括報書』2016-03-31. https://www.city.tokamachi.lg.jp/material/files/group/17/daitinogeijyutusaihonpensyusei.pdf
- 大地の芸術祭実行委員会 2018（2019）『大地の芸術祭／越後妻有アートトリエンナーレ 2018 総括報告書』2019-03. https://www.city.tokamachi.lg.jp/material/files/group/17/soukatsuhoukokusyo2018_honpen220111.pdf
- 竹内淑恵（2015）「Facebook ページへの共感発生と企業イメージへの影響」イノベーション・マネジメント No.12 pp.17-39.
- 武田隆（2011）『ソーシャルメディア進化論』ダイヤモンド社
- 田島悠史, 大西未希, & 小川克彦（2013）「小規模アートプロジェクトにおける持続性とコミュニケーション構造の関係：個別役割型から自発共有型へのコミュニケーション構造の変遷」情報文化学会誌、20.2 : 27-34.
- 谷口文保（2019）『アートプロジェクトの可能性：芸術創造と公共政策の共創』九州大学出版
- チェン, ドミニク（2015）『電脳のレリギオ：ビッグデータ社会で心をつくる』NTT 出版
- チェン, ドミニク, 美和晃, 北原利行, 設樂麻里子 & 天野彬（2016）「ドミニク・チェンさんと考えるビジュアルコミュニケーションの未来」ウェブ電通報 https://dentsu-ho.com/booklets/163
- 洞田貫晋一朗（2019）『シェアする美術：森美術館の SNS マーケティング戦略』翔泳社
- 中村彰吾, 小林昌毅, 高橋邦夫, & 萩原良巳（2001）「写真投影法による都市域河川の水辺デザイン情報抽出」ランドスケープ研究、64（5）821-824.
- 中村美亜（2017）「文化事業における価値創造の評価」日本文化政策学会第 11 回年次大会予稿集 pp.184-187.
- 中村美亜, 毛利嘉孝 [編著]（2017）『アフターミュージッキング―実践する音楽―』東京藝術大学出版会
- 中村美亜, 九州大学ソーシャルアートラボ編（2018）『ソーシャルアートラボ：地域と社会をひらく』水曜社
- 中村美亜（2019）「芸術活動における共創の再考：創造とエンパワメントのつながりを探る」共創学、1（1）; 31-38.
- 荷方邦夫（2010）「経験価値を与える要素の質的検討」日本心理学会第 74 回大会発表論文集、p.1271.
- 荷方邦夫（2011）「経験価値デザインとは何か：心理学に基づいた研究の可能性」金沢美術工芸大学紀要（55）
- 西原彰宏（2015）「消費者関与の概念的整理に向けて：社会心理学における関与概念の整理」関西学院商学研究（69）1-14.
- 野田正彰（1988）『漂白される子供たち：その眼に映った都市へ』情報センター出版局
- 芳賀康浩（2014）「戦略的ソーシャル・マーケティングの基礎概念としての交換概念の再検討」流通研究、16（3）、3-24.
- 花村周寛（2010）「コミュニケーションはデザインしてならない」Communication-Design、3
- 濱野智史（2008）『アーキテクチャの生態系』NTT 出版
- 速水智子（2014）「ソーシャルビジネスにおけるクラウドファンディング：一般社団法人 MAKOTO の事例から」中京企業研究（36）: 95-103.
- 廣瀬直哉, et al.（2004）「アフォーダンスとエコロジカル・リアリズム」椙山女学園大学研究論集人文科学篇、35 : 127-137.
- 美術手帖（2017）「アートフェスティバル、どう評価する? 日本の芸術祭の課題と未来」美術出版

社、2017-7 (1055)

- 藤原旅人（2020）「アートプロジェクトにおけるボランティアの中動態的参加の意義」公共コミュニケーション研究5.1: 21-40.
- 文化庁（2017）『我が国で開催される文化芸術のフェスティバルの実態等に係る調査報告書』
- 文化庁（2016）『文化芸術資源を活用した経済活性化』文化庁
- 星野太, & 奥本素子（2017）「インタビュー：アートが地域を変えるのか？ 地域がアートを変えるのか？」科学技術コミュニケーション、22: 71-83.
- 堀田治（2013）「アート消費における精緻化された関与：関与と知識による新たな消費者モデル」法政大学イノベーション・マネジメント研究センターワーキングペーパー、142.
- 堀田治（2015）「超高関与消費のマーケットインパクト」AD STUDIES、51: 15-20.
- 堀田治（2017）「体験消費による新たな関与研究の視点：認知構造と活性状態への分離（多型化する時代のマーケティングを考える）」マーケティングジャーナル、37.1: 101-123.
- 堀啓造（1991）「消費者行動研究における関与尺度の問題」香川大学経済論叢、63（4）1-56.
- 本田悟郎（2012）「鑑賞における美的経験とコミュニケーション：アートプロジェクトの創造的価値」環境芸術、11: 80-86.
- 正木大貴（2018）「承認欲求についての心理学的考察：現代の若者とSNSとの関連から」京都女子大学博士論文
- 松本文子 et al.（2005）「アートプロジェクトを用いた地域づくり活動を通したソーシャルキャピタルの形成」環境情報科学論文集（19）
- 水越康介（2018）『ソーシャルメディア・マーケティング』日本経済新聞出版社
- 水越康介, 日高優一郎（2017）「ソーシャル・マーケティング研究における理論的視座の再検討」JSMDレビュー、1.1: 33-39.
- 三宅美緒（2017）「アートプロジェクトにおけるボランティア活動の持続要因の考察：瀬戸内国際芸術祭で活動するボランティアの視点から」文化経済学14: 55-64.
- 森沢幸博（2014）「ソーシャルメディアによる感情共有と創造的思考の関係」埼玉女子短期大学研究紀要、29: 45-61.
- 山田真一（2008）『アーツ・マーケティング入門：芸術市場に戦略をデザインする』水曜社 ―
- 山本晶（2014）『キーパーソン・マーケティング：なぜ、あの人のクチコミは影響力があるのか』東洋経済新報社
- 吉澤弥生（2011）『芸術は社会を変えるか？文化生産の社会学からの接近』青弓社
- 吉田隆之（2012）「アートプロジェクトによる人的協力・ネットワーク及びソーシャルキャピタルのプロアクティブ化：あいちトリエンナーレ2010 長者町会場を事例に」文化経済学、9.1: 90-100.
- 吉田隆之（2013）「都市型芸術祭の経営政策：あいちトリエンナーレを事例に」東京藝術大学博士論文
- 吉田隆之（2014）「アートプロジェクトはソーシャルキャピタル形成に寄与するか：越後妻有と愛知の比較」文化政策研究、8: 137-150.
- 吉田隆之（2018）「芸術祭によるソーシャルキャピタルのプロアクティブ化：あいちトリエンナーレ2010・2013と2016の比較」文化経済学、15.1: 102-117.
- 吉田隆之（2019）『芸術祭と地域づくり："祭り"の受容から自発・協働による固有資源化へ』水曜社
- 吉本光宏（2008）「再考、文化政策：拡大する役割と求められるパラダイムシフト：支援・保護される芸術文化からアートを起点としたイノベーションへ」ニッセイ基礎研究所報51.
- リボーンアート・フェスティバル（2017）『リボーンアート・フェスティバル2017公式ガイドブック』スターツ出版

- 鷲見英司（2010）「中山間地域におけるアートイベントとソーシャル・キャピタル形成の要因分析」新潟大学経済論集、89:53-81.
- 鷲見英司（2012）「中山間地域におけるアートプロジェクトと地域活性化」公共選択、58:65-83.
- 若林宏保（2010）「アート作品の価値形成プロセスについての一考察：アートマーケティングの実践に向けて」マーケティングジャーナル、29.3
- 和田充夫, et al.（2011）「消費者行動研究の忘れもの：アート財消費の視点から」商学論究、58.4:217-230.
- 和田充夫（1999）『関係性マーケティングと演劇消費』ダイヤモンド社

- Andreasen, A. R. Marketing social marketing in the social change marketplace. *Journal of Public Policy & Marketing,* 2002, *21*（1）, 3-13.
- Bakshy, Eytan, et al. Everyone's an influencer: quantifying influence on twitter. *Proceedings of the fourth ACM international conference on Web search and data mining.* ACM, 2011.
- Belleflamme, P., Lambert, T., & Schwienbacher, A. Crowdfunding: Tapping the right crowd. *Journal of business venturing, 2014, 29*（5）, 585-609.
- Berger, J. *Ways of seeing.* BBC & Penguin Books, 1972.
  （邦訳）バージャー, ジョン（1986）『イメージ ── 視覚とメディア』（伊藤俊治訳）PARCO出版
- Bernstein, J. S. *Arts marketing insights: the dynamics of building and retaining performing arts audiences.* John Wiley & Sons. 2007.
  （邦訳）バーンスタイン, ジョアン・シェフ（2007）『芸術の売り方：劇場を満員にするマーケティング』（山本章子訳）英治出版
- Celsi, R. L., & Olson, J. C. The role of involvement in attention and comprehension processes. *Journal of consumer research,* 1988, *15*（2）, 210-224.
- Charbonnier, G. Entretiens avec Marcel Duchamp. Belfond, 1967.
  （邦訳）シャルボニエ, ジョルジュ（1997）『デュシャンとの対話』（北山研二訳）みすず書房
- Drucker, Peter F. *Management: Tasks Responsibilities Practices.* Harper & Row Management Library, 1974.
- Gibson, J. J. *The senses considered as perceptual systems.* Boston, MA: Houghton Mifflin. 1966.
- Gibson, J. J. *The ecological approach to visual perception.* Hillsdale, NJ: Lawrence Erlbaum Associates. 1986.（Original work published 1979）
- Hall, E.T. *Beyond culture Garden city. Anchor,* 1976.
  （邦訳）ホール, エドワード（1979）『文化を超えて』（岩田慶治＋谷泰訳）TBSブリタニカ
- Kotler, P., & Zaltman, G. Social marketing: an approach to planned social change. *Journal of marketing,* 1971, *35*（3）, 3-12.
- Kotler, O., & Lee, N. *Marketing in the public sector: a roadmap for improved performance.* Wharton School Publishing. 2007.
  （邦訳）コトラー, フィリップ（2007）『社会が変わるマーケティング』（スカイライトコンサルティング訳）英治出版
- Kotler, O., & Lee, N. *Up and out of poverty: the social marketing solution.* Wharton School Publishing. 2009.
  （邦訳）コトラー, フィリップ, & リー, ナンシー（2010）『ソーシャル・マーケティング 貧困に克つ7つの視点と10の戦略的取り組み』丸善
- Knoblauch, M. *Millennials Trust User-Generated Content 50% More Than Other Media.* 2014-04-09, Retrieved from https://mashable.com/2014/04/09/millennials-user-generated-media/

- Lazarsfeld, Paul, and Elihu Katz. "Personal influence." Glencoe, Free Presse. 1955.
- Lee, N., Kotler, P., & Roberto, N. *Social marketing improving the quality of life.* Sage. 2002.
- Norman, D. A. The psychology of everyday things. New York, NY: Basicbooks.1988.
- Norman, D. A. Affordance, conventions, and design. *Interactions* , 1999. 6; 38-43.
- ONG, Walter J. SJ Orality and Literacy. Methuen, 1982.
  （邦訳）オング，ウォルター J（1991）『声の文化と文字の文化』（桜井直文他訳）藤原書店
- Pine, B. J., Pine, J., & Gilmore, J. H. *The experience economy: work is theatre & every business a stage.* Harvard Business Press. 1999.
- Schmitt, B. Experiential marketing. *Journal of marketing management,* 1999. *15* (1-3) , 53-67.
- Schmitt, B. H. Experimental marketing: how to get customers to sense, feel, think, act and relate to your company and brands. *European Management Journal,* 2000, *18* (6), 695.
- Throsby, D. *Economics and culture.* Cambridge University Press, 2001.
- Smith, Ted, et al. Reconsidering models of influence: the relationship between consumer social networks and word-of-mouth effectiveness. *Journal of advertising research.* 2007, 47.4: 387-397.
- Varadarajan, P. R. & Menon, A. Cause Related Marketing: A Coalignment of Marketing Strategy and Corporate Philanthropy, *Journal of Marketing,* 1988, 52.3: 58-74.
- Van Maanen, Hans. *How to study art worlds. Vol. 211.* Amsterdam University Press, 2009.

佐野 直哉 (さの・なおや)

青山学院大学総合文化政策学部教授。英国王立音楽大学大学院オルガン科修了後、映画宣伝・洋楽ライセンス業務、ブリティッシュ・カウンシルおよび駐日英国大使館にてマーケティングの現場経験を積む。その後静岡県文化プログラムおよびアーツカウンシルしずおかにて多数のアートプロジェクトの伴走支援に携わった。上野学園大学准教授、東京藝術大学特任講師を経て現職。東京藝術大学大学院博士後期課程芸術環境創造分野修了。博士（学術）。研究テーマは文化政策、アートマーケティング、文化事業評価。

観客が生み出すアートマーケティング
—— 芸術祭と地域をコミュニケーションでつなぐ

発行日 2025年4月6日 初版第一刷発行

著　者　　佐野 直哉
発行人　　仙道 弘生
発行所　　株式会社 水曜社
　　　　　160-0022
　　　　　東京都新宿区新宿1-31-7
　　　　　TEL 03-3351-8768　FAX 03-5362-7279
　　　　　URL suiyosha.hondana.jp
装　幀　　井川祥子（iga3 office）
印　刷　　日本ハイコム株式会社

© SANO Naoya 2025, Printed in Japan
ISBN 978-4-88065-578-9 C0036

アート関連書

アートプロジェクトの変貌
理論・実践・社会の交差点
吉田隆之 編
2,530 円

はじまりのアートマネジメント [新訂版]
芸術経営の現場力を学び、未来を構想する
松本茂章 編
2,970 円

社会包摂のためのアートプログラム入門
クリエイティブな活動がひらく健康・ウェルビーイング
野呂田理恵子 著
2,640 円

英国のコミュニティ・アートとアーツカウンシル
タンポポとバラの攻防
小林瑠音 著
3,850 円

芸術文化の価値とは何か
個人や社会にもたらす変化とその評価
G・クロシック、P・カジンスカ 著 中村美亜 訳
3,850 円

祝祭芸術
再生と創造のアートプロジェクト
加藤種男 著
3,960 円

社会化するアート／アート化する社会
社会と文化芸術の共進化
小松田儀貞 著
3,520 円

みんなの文化政策講義
文化的コモンズをつくるために
藤野一夫 著
2,970 円

ソーシャルアートラボ
地域と社会をひらく　SAL BOOKS ①
九州大学ソーシャルアートラボ 編
2,750 円

アートマネジメントと社会包摂
アートの現場を社会にひらく　SAL BOOKS ②
九州大学ソーシャルアートラボ 編
2,970 円

文化事業の評価ハンドブック
新たな価値を社会にひらく　SAL BOOKS ③
文化庁×九州大学 共同研究チーム 編
2,750 円

学芸員がミュージアムを変える！
公共文化施設の地域力
今村信隆・佐々木亨 編
2,750 円

芸術祭と地域づくり [改訂版]
"祭り"の受容から自発・協働による固有資源化へ
吉田隆之 編
2,970 円

障害者と表現活動
自己肯定と承認の場をはぐくむ
川井田祥子 著
2,420 円

アートプロジェクト
芸術と共創する社会
熊倉純子 監修 菊地拓児・長津結一郎 編
3,520 円

アートプロジェクトのピアレビュー
対話と支え合いの評価手法
熊倉純子 監修・編著 槇原彩 編著
1,760 円

全国の書店でお買い求めください。価格はすべて税込（10%）